**Zeilenniveau-Fachbücher #3**

# ZNV 3

www.zeilenniveau.de

**Dr. Holger Stöhr**

# Zur Prüfung vorbereiten in

## Absatz-, Materialwirtschaft & Logistik (AML)

### Handlungsspezifische Qualifikationen für Technische Fachwirte

DIHK-Rahmenplan: Fach Nr. 8

**1. Auflage**

www.zeilenniveau.de   **Zeilenniveau Verlag GmbH**

Zum Autor:

**Dr. Holger Stöhr**, Diplom-Volkswirt (Univ.)

Zahlreiche weitere Fachbücher dieses Autors finden Sie auch im Verlagsprogramm des Fachbuchverlag Holger Stöhr (www.fhs-verlag.de).

**Bibliografische Informationen der Deutschen Bibliothek**

Die Deutsche Bibliothek verzeichnet diese Publikation in der Deutschen Nationalbibliografie; detaillierte bibliografische Daten sind dem Internet über http://dnb.ddb.de abrufbar.

**ISBN 978-3-948605-03-2**

1. Auflage

© 2020 Zeilenniveau Verlag GmbH, Oberstdorf

Dieses Werk ist, einschließlich aller seiner Teile, urheberrechtlich geschützt. Jede Verwertung außerhalb der engen Grenzen des Urheberrechtsgesetzes in seiner neuesten Fassung ist ohne ausdrückliche Zustimmung des Verlages unzulässig und strafbar. Das gilt insbesondere für Vervielfältigungen, Mikroverfilmungen und die Einspeicherung und Verarbeitung in elektronische Systeme.

Druck: Laserline, Berlin

**Zeilenniveau Verlag GmbH**
**Internet: www.zeilenniveau.de**

© Umschlaggestaltung und Fotografien im Fachbuch: Holger Stöhr, 2020

Bildnachweis: 1. vorderer Bezug: © *FR Design - stock.adobe.com* und
2. hinterer Bezug: © *freshidea - stock.adobe.com*.

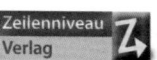

# Inhaltsverzeichnis

Vorwort .................................................................................... 7

# 8 Absatz-, Materialwirtschaft & Logistik .................. 11

## 8.1 Marktforschung .................................................................. 11

### 8.1.1 Absatzpolitische Grundlagen ............................................. 11

### 8.1.2 Marktforschung .................................................................. 21

#### 8.1.2.1 Aufgaben und Ziele ................................................ 21
#### 8.1.2.2 Methoden der Marktforschung .............................. 21
#### 8.1.2.3 Techniken der Marktforschung .............................. 22
#### 8.1.2.4 Marktsegmentierung .............................................. 23
#### 8.1.2.5 Konkurrenzanalyse ................................................. 24

## 8.2 Preispolitik ......................................................................... 25

### 8.2.1 Einfluss der Marktformen auf die Preispolitik ................... 25
### 8.2.2 Preisbildung und -gestaltung ............................................. 27
### 8.2.3 Preisstrategien .................................................................... 30
### 8.2.4 Preisdifferenzierung ........................................................... 32
### 8.2.5 Wesentliche Rechtsvorschriften ........................................ 34
### 8.2.6 Konditionenpolitik .............................................................. 36

## 8.3 Produktpolitik .................................................................... 37

### 8.3.1 Produktgestaltung .............................................................. 37
### 8.3.2 Produktlebenszyklus .......................................................... 38
### 8.3.3 Portfolio-Analysen .............................................................. 40
### 8.3.4 Sortimentsplanung ............................................................. 41
### 8.3.5 Produktplanung .................................................................. 45
### 8.3.6 Servicepolitik ...................................................................... 49

## 8.4 Distributionspolitik ......................................................... 51
### 8.4.1 Grundlagen ............................................................. 51
### 8.4.2 Absatzwege ............................................................. 52
### 8.4.3 Absatzorgane ........................................................... 54

## 8.5 Kommunikationspolitik ................................................ 60
### 8.5.1 Grundlagen ............................................................. 60
### 8.5.2 Aufgaben und Ziele ................................................. 60
### 8.5.3 Methoden ................................................................ 60
#### 8.5.3.1 Werbung ...................................................... 60
#### 8.5.3.2 Verkaufsförderung ...................................... 64
#### 8.5.3.3 Public Relation ............................................ 64
#### 8.5.3.4 Persönlicher Verkauf .................................. 66

## 8.6 Beschaffungslogistik .................................................... 67
### 8.6.1 Ziele und Bereiche der Logistik ............................... 67
### 8.6.2 Materialrechnung .................................................... 75
#### 8.6.2.1 Instrumente der Bestands- u. Bedarfsanalyse ...... 75
#### 8.6.2.2 ABC-Analyse ................................................ 75
#### 8.6.2.3 XYZ-Analyse ................................................ 77
#### 8.6.2.4 Brutto- und Nettobedarfsrechnung ............ 78
#### 8.6.2.5 Methoden der Bedarfsermittlung ............... 79
#### 8.6.2.6 Bestelltermin-/Bestellmengenrechnung ..... 85
### 8.6.3 Beschaffungsstrategien .......................................... 95
### 8.6.4 Make-or-Buy-Entscheidung (MoB) ....................... 101
### 8.6.5 Lieferantenauswahl ............................................... 103

## 8.7 Produktionslogistik ..................................................... 107

## 8.8 Distributionslogistik ........................................... 109

### 8.8.1 Definition und Aufgaben ........................................... 109
### 8.8.2 Grundsätze der Lagerhaltung ..................................... 109
#### 8.8.2.1 Lagertypen und -techniken ................................. 109
#### 8.8.2.2 Lagerkennzahlen ............................................ 114
#### 8.8.2.3 Inventurverfahren .......................................... 115
### 8.8.3 Versand ........................................................... 116
#### 8.8.3.1 Verpackung ................................................. 118
#### 8.8.3.2 Verkehrsträger ............................................. 119
#### 8.8.3.3 Transportarten ............................................. 120
#### 8.8.3.4 Transportversicherung ...................................... 121

## 8.9 Entsorgungslogistik ............................................ 123

### 8.9.1 Definition und Aufgaben ........................................... 123
### 8.9.2 Konzepte der Entsorgungslogistik .................................. 124


**Anhang A:** Tipps zur Prüfung .......................................... 127

**Anhang B:** Prüfungssimulationen ....................................... 129

**Anhang C:** Lösungen ................................................... 138

**Anhang D:** Prüfungsstatistik .......................................... 153


Stichwortverzeichnis ..................................................... 159

## Zusammenfassung: Prüfungsstatistik

In der folgenden Tabelle werden die insgesamt in den 25 Prüfungen zwischen Fj. 2007 und Fj. 2019 vergebenen Punkte je Rahmenstoffplanunterpunkt des Faches AML aufgelistet. Ergänzend sehen Sie welchen prozentualen Anteil an den gesamten Punkten des Fachs die jeweiligen Unterpunkte ausmachten:

| 8. | AML | Σ | % |
|---|---|---|---|
| 8.1 | Marktforschung | 86 Pt. | 11,6 % |
| 8.2 | Preispolitik | 34 Pt. | 4,6 % |
| 8.3 | Produktpolitik | 93 Pt. | 12,5 % |
| 8.4 | Distributionspolitik | 56 Pt. | 7,5 % |
| 8.5 | Kommunikationspolitik | 8 Pt. | 1,1 % |
| 8.6 | Beschaffungslogistik | 379 Pt. | 51,0 % |
| 8.7 | Produktionslogistik | 6 Pt. | 0,8 % |
| 8.8 | Distributionslogistik | 81 Pt. | 10,9 % |
| 8.9 | Entsorgungslogistik | 0 Pt. | 0,0 % |
| Σ | | 743 Pt. | 100,0 % |

Genauere Informationen finden Sie in Anhang D.

# Vorwort

**Für wen ist dieses Fachbuch geeignet?**

Dieses Fachbuch zum Prüfungsfach »**Absatz-, Materialwirtschaft & Logistik (AML)**« ist am aktuellen Rahmenstoffplan der Prüfung »Handlungsspezifische Qualifikationen« für den IHK-Lehrgang »Technische/r Fachwirt/-in« ausgerichtet.

Wer in eine Prüfung geht, ist oft nicht angemessen vorbereitet, und dies, obwohl er oder sie regelmäßig an Lehrgängen teilgenommen hat und die dazugehörigen Bücher oder Skripte gelernt hat.

> **Ziel und Inhalt dieses Fachbuchs**
>
> **Ziel** dieses Fachbuchs ist, Ihnen den letzten Schliff zur Prüfungsvorbereitung mittels der folgenden **Inhalte** zu geben:
>
> - **Zusammenfassung** des relevanten Stoffs als Hauptteil inkl. **Verweisen auf alte Prüfungen** (siehe folgende Seite)
> - **NEU: Fallbeispiele werden farblich hervorgehoben.**
> - **Anhang A: Tipps** zur Prüfungsvorbereitung
> - **Anhang B: Prüfungssimulationen** zur Übung
> - **Anhang C: Lösungen** zu diesen Übungen
> - **Anhang D: Prüfungsstatistik** der bisherigen Themen

Natürlich können auf so knappem Raum nicht alle Themen ausführlich behandelt werden. Dann hätte das Buch einen Umfang von 500 Seiten oder mehr. Stattdessen werden hier Zusammenfassungen geboten, die Ihnen ein schnelles Lernen und eine Einschätzung der Prüfungsrelevanz der Themen gewähren. Dabei wurden alle bisherigen offiziell verfügbaren IHK-Prüfungen bis Frühjahr 2019 berücksichtigt.

## Verweise auf alte Prüfungen

a) Zu jedem Kapitel, Unterkapitel etc. wird die Prüfungsrelevanz in 3 Stufen gemäß IHK-Rahmenstoffplan am rechten Rand mit einem Marker angegeben (jede Stufe beinhaltet ggf. die vorherige Stufe):

1. Die erste Stufe bezieht sich auf einfachen Lernstoff. Hier werden nur **Kenntnisse** in Form von Definitionen, Auflistungen usw. erwartet. Als Symbol dient die Diskette.

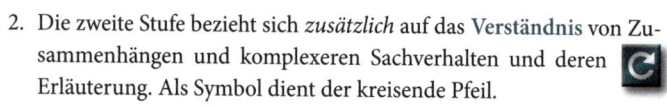

2. Die zweite Stufe bezieht sich *zusätzlich* auf das Verständnis von Zusammenhängen und komplexeren Sachverhalten und deren Erläuterung. Als Symbol dient der kreisende Pfeil.

3. Die dritte Stufe steht für gelerntes u. verstandenes Wissen, das *auch* in Form von Übungen und Rechnungen Anwendung findet. Als Symbol dient der Taschenrechner.

b) Zu jedem Kapitel bzw. Unterabschnitt wird in einer kleinen Tabelle am rechten Rand (etwas nach unten versetzt) detailliert dargestellt, in welchen vergangenen Prüfungen dieser Stoff in welcher Aufgabe und mit welcher Punktezahl abgefragt wurde.

c) Zusätzlich wird bei jedem Prüfungsverweis nochmals ein kleiner Marker (💾 🔄 🧮) beigefügt. Er zeigt die tatsächliche Einordnung der Prüfungsaufgabe auf. Das muss nicht immer unbedingt den Vorgaben des IHK-Rahmenstoffplans entsprechen. Sie sollten aber bedenken, dass eine Einordnung nicht immer ganz zweifelsfrei ist.

Ich wünsche Ihnen viel Spaß mit diesem Fachbuch im CMYK-Farbdruck und viel Erfolg beim Bestehen Ihrer Prüfung.

Dr. Holger Stöhr
Oberstdorf im März 2020

Fach 8: AML

# Leitfaden zur Orientierung

**Nr. und Name des jeweiligen Kapitels**

Der Marker und der Hinweis auf alte Prüfungen beziehen sich auf die Kapitelüberschrift »**8.2.2 Preisbildung und -gestaltung**«.

**IHK-Logik:**

1. Wissen:

2. Verständnis:

3. Anwendung bzw. Fälle

---

Preispolitik  Kapitel 8: Absatz-, Materialw... ...istik

### 8.2.2 Preisbildung und -gestaltung

Ziel der Preispolitik (Kontrahierungspolitik) ... die angemessene Preisgestaltung. Hierzu zähl... neben den eigentlichen Preisen auch sonstige... Konditionen wie bspw. Rabatte, Skonti und Konsu...tenkredite. ... Preisgestaltung hängt u. a. von den Kosten, der Konkurre... ... frage, Trends usw. ab:

- **kostenorientierte Preisgestaltung**: Die Preise orientieren sich an den hierfür notwendigen Kosten.
- **konkurrenzorientierte Preisgestaltung**: Die Höhe der Preise wird an der Preisgestaltung der Konkurrenz ausgerichtet.
- **nachfrageorientierte Preisgestaltung**: Die Preise werden an der vorhandenen Nachfrage der Konsumenten ausgerichtet.

**Kostenorientierte Preisgestaltung**

- Die **Vollkostenrechnung** rechnet zur Bestimmung der Preisuntergrenze sämtliche Kosten (Einzel- und Gemeinkosten) in die Preise ein. Die resultierenden Selbstkosten stellen die langfristige Preisuntergrenze dar.
- In der **Teilkostenrechnung** werden nur die entscheidungsrelevanten Kosten betrachtet. In der Deckungsbeitragsrechnung sind das die variablen Stückkosten, die dabei als kurzfristige Preisuntergrenze gelten (auch absolute Preisuntergrenze genannt).

F 2008 A1a 3 Pt.
H 2008 A2 6 Pt.
H 2015 A4a 2 Pt.

Das **große Symbol** bezieht sich auf die Einordnung im IHK-Rahmenstoffplan, das **kleine Symbol** auf die konkrete Prüfungsaufgabe.

- **F** steht für Frühjahrsprüfung, **H** steht für Herbstprüfung
- **H 2015: A4a** steht für Aufgabe 4a der Herbstprüfung 2015.
- Hierfür gab es **2 Punkte**.
- Die Prüfungsaufgabe basiert auf Wissen.

Der nächste Marker bezieht sich schon auf die Zwischenüberschrift »**Kostenorientierte Preisgestaltung**«.

Preisuntergrenzen

kurzfristig:
= variable Stückkosten
• Teilkostenrechnung
• absolute Preisuntergrenze

langfristig:
= Selbstkosten
• Vollkostenrechnung

Urheberrecht beachten!   Seitenzahl

## Zur Prüfung in AML

Bei diesem Fach stehen die Masse des zu lernenden Wissens und dessen situationsbezogene Anwendung im Vordergrund:

- **IHK-Prüfung**: Technische/r Fachwirt/-in, »Handlungsspezifische Qualifikationen«, Situationsaufgabe – davon ca. 30 Prozent.

- **Zeit**: ca. 30 % von 240 Minuten = 72 Minuten.

- **Hilfsmittel**: Taschenrechner.

- **Probleme**: 1. Der Zeitfaktor könnte ein großes Problem werden. Zumal viele Prüflinge bei einzelnen Fragen zu viel bzw. zu wenig schreiben. Bei »Nennen ...« wird zu viel, bei »Erläutern ...« zu wenig geschrieben. 2. Die Masse des Stoffs und die oftmals ähnlich klingenden Begriffe laden zur Verwirrung ein. 3. Vielen Prüflingen fällt es schwer, gelerntes Wissen den gestellten Fragen zuzuordnen. 4. Die Anwendung von Wissen in Situationsaufgaben dürfte häufig schwieriger sein, als reine Wissensabfragen zu beantworten.

- **Lösungsstrategien**: 1. Konzentrieren Sie sich auf die Aufgaben und Ihr vorhandenes Wissen. Lesen Sie die Aufgaben ganz genau. Dazu sollte natürlich entsprechendes Wissen vorhanden sein. Das erforderliche Wissen können Sie sich in diesem Fachbuch aneignen bzw. wiederholen. 2. Üben Sie anhand von alten Prüfungen und den Prüfungssimulationen in Anhang B die Lösung von wissensorientierten und situationsbezogenen Aufgaben und bekommen Sie ein Gespür dafür, was erwartet wird.

# 8 Absatz-, Materialwirtschaft & Logistik

## 8.1 Marktforschung

### 8.1.1 Absatzpolitische Grundlagen

Die **Absatzwirtschaft** beschäftigt sich mit der optimalen Gestaltung des Absatzes. Das **Marketing** betrachtet demgegenüber nicht nur Absatzmärkte, sondern auch Beschaffungsmärkte für Material, Waren, Personal, Maschinen und Kapital. Der **moderne Marketing-Gedanke** richtet alle betrieblichen Funktionen am Endziel des Absatzes der Produkte aus.

**Verkäufermärkte** sind durch eine Überschussnachfrage gekennzeichnet. In der Realität finden sich heutzutage häufiger **Käufermärkte**. Merkmale des Käufermarktes: (1) zu viele Anbieter, (2) Angebot > Nachfrage, (3) die Verkäufer müssen ständig neue Produkte und Dienstleistungen entwickeln und anbieten, (4) es besteht ein intensiver Wettbewerb mit großem Marketingaufwand.

Zudem werden folgende Bereiche des Marketings unterschieden:

- **Konsumgütermarketing**: Hier geht es um den Absatz von Konsumgütern für den Endverbraucher.

- **Dienstleistungsmarketing**: Beim Absatz von Dienstleistungen herrscht oft wesentlich weniger Markttransparenz vor, wodurch die direkten Kundenbeziehungen noch wichtiger werden.

- **Investitionsgütermarketing**: Der Absatz von Investitionsgütern findet gegenüber einer wesentlich besser informierten Käuferschaft statt und bedarf daher anderer Instrumente.

- Zudem kann noch das **Non-Profit-Marketing** betrachtet werden, bei dem es um das Fundraising (bspw. Spenden) der Nicht-Regierungsorganisationen geht.

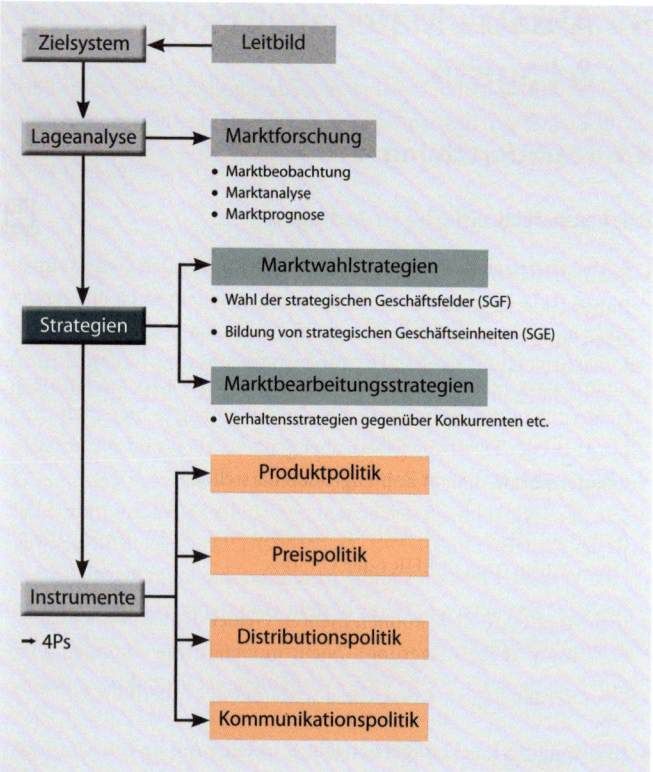

Ein sinnvoller **Marketingplan** bzw. **Marketingkonzept** besteht immer aus den Elementen **Zielsystem** (inkl. Leitbild), der **Lageanalyse/Situationsanalyse** (inkl. Marktforschung), den gewählten **Strategien** zur Umsetzung der Ziele sowie den konkreten **Instrumenten/Maßnahmen** im Sinne des Marketingmix. Zusätzlich wären ein **Marketingbudget/Kostenanalyse** und eine **Erfolgskontrolle** sinnvoll.

## Ziele des Marketings

Eine vernünftige Marketingstrategie bedarf geeigneter Ziele. In Bezug auf die Ziele folgen hier zunächst einige allgemeine Aussagen. Anschließend betrachten wir konkrete Marketingziele.

### Zielmessbarkeit

- **qualitative Ziele** sind grundsätzlich nicht-messbare Ziele, wie bspw. Imagesteigerung oder Verbesserung des Betriebsklimas. Die Zielerreichung kann nur schwer kontrolliert werden.

- **quantitative Ziele** sind grundsätzlich messbare Ziele, wie Umsatzsteigerung oder Gewinnmaximierung. Zwar mag es hier auch Probleme bei der Erfassung geben, aber grundsätzlich sind solche Ziele quantifizierbar, d. h. in Zahlengrößen darstellbar.

- **monetäre Ziele** lassen sich in Geldeinheiten ausdrücken (bspw. Umsatzsteigerung in EUR oder USD)

- **nicht-monetäre Ziele** können nicht in Geldeinheiten benannt werden (bspw. Imagesteigerung). Nicht-monetäre Ziele können aber durchaus quantitativ sein – bspw. Erhöhung der Produktionsmenge.

### Zielbeziehungen

Sofern es mehr als ein Ziel gibt, bestehen Beziehungen zwischen diesen Zielen. Es lassen sich die folgenden **Zielbeziehungen** unterscheiden:

- **Zielkomplementarität** (Zielharmonie bzw. komplementäre Ziele): Ziele ergänzen sich gegenseitig und können gleichzeitig erreicht werden (bspw. Umsatz- und Gewinnsteigerung).

- **Zielkonkurrenz** (Zielkonflikt): Ziele können nicht zugleich erreicht werden (bspw. Maximierung von Rendite und Liquidität). Gerade dieser Fall der Zielkonflikte bedarf besonderer Aufmerksamkeit.

- **Zielneutralität** (Zielindifferenz): Die Ziele sind unabhängig voneinander (bspw. Mitarbeiterzufriedenheit und Umweltschutz). Dieser Fall ist eher unrealistisch, da indirekt zumeist alle Ziele voneinander abhängen – vor allem aufgrund der Kosten.

- **Zielidentität**: Die Ziele sind identisch, nur anders formuliert (bspw. Umsatzsteigerung und Erhöhung der Erlöse).

### SMART-Formel

Ziele sollten allgemein folgenden Anforderungen genügen:

- S (spezifisch) → konkrete, präzise und eindeutige Ziele
- M (messbar) → Ziele müssen messbar und kontrollierbar sein
- A (akzeptiert/anspruchsvoll) → attraktives und akzeptiertes Ziel, das anspruchsvoll und motivierend sein sollte
- R (realistisch) → die Ziele sollten mit gegebenen Ressourcen realisierbar sein
- T (terminiert) → die Ziele sollten zeitlich klar definiert sein

### Konkrete Marketingziele

Zu den konkreten Zielen des Marketings zählen:

- Gewinn, Umsatz, Rentabilität steigern
- Marktanteile erhöhen oder bewahren
- Image verbessern
- neue Märkte besetzen oder bestehende Märkte erhalten
- Kundenorientierung/-beziehungen verbessern
- Zusammenarbeit mit Lieferanten verbessern
- verbesserter Einsatz der Marketinginstrumente

## Marketingstrategien

Unter einer **Strategie** werden langfristig ausgerichtete Verhaltensweisen von Unternehmen zur Erreichung ihrer Ziele verstanden. Entsprechend werden unter **Marketingstrategien** langfristig orientierte Verhaltensweisen zur Erreichung bestimmter Marktziele verstanden. Es werden dabei zwei Schritte unterschieden:

1. **Marktwahlstrategien**: Im ersten Schritt wird festgelegt, welche Teilmärkte bearbeitet werden. Dabei werden strategische Geschäftsfelder (SGF) ausgewählt und daraus strategische Geschäftseinheiten (SGE) gebildet (siehe unten). Innerhalb der SGF erfolgt eine Marktsegmentierung.

2. **Marktbearbeitungsstrategien**: Im zweiten Schritt wird innerhalb der gewählten SGF das strategische Verhalten gegenüber Kunden, Konkurrenten, Absatzmittlern usw. festgelegt.

- **Strategische Geschäftsfelder** (SGF) werden allgemein als »Produkt-Markt-Kombinationen« bezeichnet, die eine gemeinsame Funktion besitzen und sich von anderen unterscheiden. Für gewöhnlich versteht man darunter Produkte (bspw. hochwertige Massivholz-Schreibtische), Märkte (mittelständische Unternehmen in Süddeutschland als Kunden) oder Technologien (bestimmte Kombinationsmöglichkeiten der Schreibtischelemente).

- **Strategische Geschäftseinheiten** (SGE) sind hingegen Teilbereiche der Aufbauorganisation eines Unternehmens, in denen zusammengehörige strategische Geschäftsfelder gebündelt werden (bspw. Büromöbel für Geschäftskunden). Die SGE können in Form von Profit Centern oder Sparten gebildet werden.

| Marketingstrategie | Beschreibung |
|---|---|
| Verhaltensstrategien gegenüber Absatzmittlern | Push- u. Pull-Strategien in Bezug auf die Positionierung gegenüber dem Handel. |
| Verhaltensstrategien gegenüber Konkurrenten | Ziel ist eine optimale Verhaltensstrategie gegenüber Konkurrenten. |
| Marktwachstumsstrategien (Ansoff-Matrix) | Es werden vier Produkt-Markt-Kombinationen für Wachstum unterschieden. |
| Wettbewerbsstrategien nach Porter | Ziel ist die klare Wettbewerbspositionierung gegenüber Konkurrenten. |
| Marktsegmentierung (vgl. Kap. 8.1.2.4) | Der Gesamtmarkt wird in Teilmärkte eingeteilt und bearbeitet. |
| Markteintrittsstrategien (vgl. Kap. 8.3.4) | Erfolgt der Markteintritt als Pionier oder als Nachahmer (früh oder spät)? |

## Verhaltensstrategien gegenüber Absatzmittlern

- **Push-Strategie** (»anschieben/anstoßen«): Sie besteht in dem Versuch die eigenen Produkte aktiv im Handel zu positionieren und zu fördern.

- **Pull-Strategie** (»ziehen«): Hier wird hingegen versucht, durch bspw. Werbung Einfluss auf den Endverbraucher zu nehmen, so dass dieser den Handel zur Listung der Ware drängt.

## Verhaltensstrategien gegenüber Konkurrenten

- **Konfliktstrategie**: Mittels der Wettbewerbsparameter Preis, Qualität, Service, Innovationskraft werden höhere Marktanteile zulasten der Konkurrenz angestrebt.

- **Kooperationsstrategie**: Absprachen zu Lasten der Konsumenten mittels einer gemeinsamen Strategie (Vorsicht: Kartellverbot).

- **Anpassungsstrategie**: Alle Anbieter passen hier ihr Verhalten zweckmäßigerweise aneinander an. Dabei kann der Marktführer als Vorreiter gelten.

## Marktwachstumsstrategien: Ansoff-Matrix

Eine wichtige Darstellung möglicher Marktstrategien kann mit Hilfe der **Ansoff-Matrix** (Produkt-Markt-Matrix) vorgenommen werden. Es werden die beiden Dimensionen Märkte und Produkte unterschieden. Zudem wird bei jeder Dimension die Frage gestellt, inwiefern es sich um neue Märkte/Produkte oder schon vorhandene, alte, entwickelte Märkte/Produkte handelt. Daraus lassen sich dann in einer 4-Felder-Matrix vier Normstrategien ableiten:

| Produkt \ Markt | alt bzw. vorhanden | neu |
|---|---|---|
| **alt bzw. vorhanden** | **1. Marktdurchdringung:** bspw. durch Verdrängung | **2. Marktentwicklung:** bspw. neue Regionen, neue Kundengruppen |
| **neu** | **3. Produktentwicklung:** bspw. durch Innovationen | **4. Diversifikation:** horizontal, vertikal und diagonal |

Zu den einzelnen Normstrategien und möglichen Risiken:

1. Die **Marktdurchdringung** kann bspw. durch Verdrängung bisheriger Konkurrenten erfolgen. Zu den Risiken zählen die möglichen Reaktionen der etablierten Konkurrenten: Absprachen, Kooperationen, Fusionen der Konkurrenz, neue Preisstrategien usw.

2. Die **Marktentwicklung** in fremden Märkten kann sich auf neue Regionen/Länder/Kontinente oder neue Kundengruppen beziehen. Problematisch ist immer die mangelhafte Kenntnis dieser Märkte (bspw. kulturelle Besonderheiten) und der dortigen Konkurrenzsituation. Zudem sind gesetzliche Änderungen vor Ort zu bedenken. Vorteilhaft sind die Kostenvorteile durch größere Produktionsmengen (Fixkostendegression) und Eintritt in Wachstumsmärkte.

3. Die **Produktentwicklung** kann durch Innovationen oder einer weiteren Produktdifferenzierung erfolgen. Riskant ist eine Imageschädigung durch ein floppendes Produkt.

4. Die **Diversifikation** kann in die bekannten drei Richtungen erfolgen. Das ist sicherlich die riskanteste Strategie, da neue Märkte mit neuen Produkten nur schwer prognostiziert werden können. Zudem dürften die Investitionskosten sehr hoch sein.

**Wettbewerbsstrategien** nach Michael E. Porter

- **Differenzierungsstrategie** (Qualitätsorientierung): Diese Strategie der Ausrichtung an einer überdurchschnittlichen Qualität kann vor allem durch die Etablierung eines **Alleinstellungsmerkmals** (»**Unique Selling Proposition**«, USP) erreicht werden. Unser Produkt muss sich von der Konkurrenz durch Qualität und Innovation deutlich abheben. Voraussetzung ist ein Fokus auf Forschung & Entwicklung sowie ein etabliertes und funktionierendes Qualitätsmanagement.

  - Bei einer **echten USP** liegen wirkliche Unterschiede vor.
  - Bei einer **künstlichen USP** wird nur ein imaginärer Nutzen betont: »bestes Produkt«, »echt schmackhaft« usw.

- **Strategie der Kostenführerschaft**: Das Unternehmen zielt auf die geringsten Kosten am Markt ab. Dieses Ziel kann nur durch Produktion standardisierter Massenprodukte erreicht werden. Die Produktionsprozesse müssen hier ständig optimiert werden.

- **Konzentrationsstrategie** (Nischenstrategie): Hier werden bestimmte Nischen anvisiert, die zu besetzen sind. Dabei sind keine großen Absatzmengen zu erwarten, dafür aber eher hochpreisige Produkte. Erforderlich ist eine klare Identifizierung möglicher Nischen.

**Marketingphasen**

In Anlehnung an den allgemein gebräuchlichen Managementkreislauf können folgenden Marketingphasen unterschieden werden: Ziele, Analyse, Planung, Durchführung und Kontrolle.

# Marketinginstrumente

F 2007 A1c  4 Pt.

Nachdem verschiedene Marketingstrategien betrachtet und ein Marketingplan erstellt wurde, geht es nun um den Einsatz der konkreten Marketinginstrumente.

**4 Ps**

- Produktpolitik
- Sortimentspolitik
- Produktionsprogramm
- Kundendienstpolitik

*Product — Produktpolitik*

- Preispolitik
- Konditionenpolitik
- Rabattpolitik
- Kreditpolitik

*Price — Kontrahierungspolitik*

**Kunden**

*Promote — Kommunikationspolitik*

- Werbung
- Sales Promotion
- Product-Placement
- Sponsoring
- Public Relations

*Place — Distributionspolitik*

- direkte Absatzwege
- indirekte Absatzwege
- Absatzlogistik

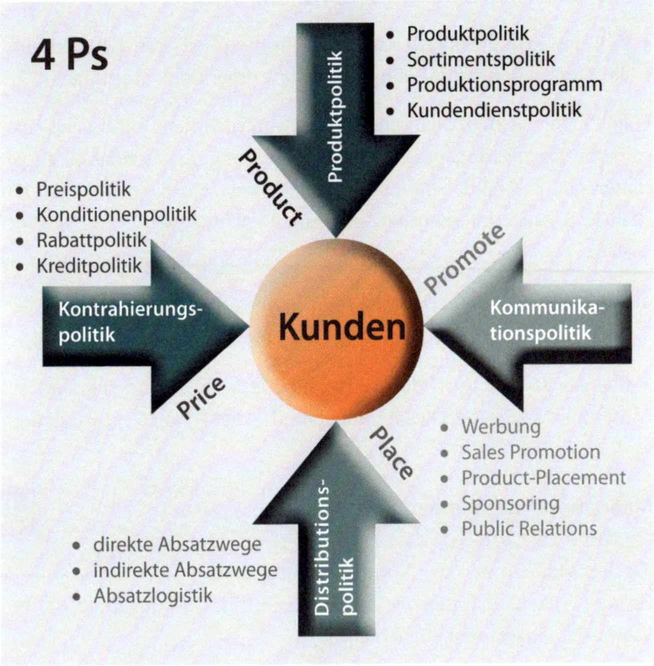

Zwar werden auch bisweilen erweiterte Formen betrachtet, trotzdem ist die geläufigste Variante das Prinzip der 4Ps. Die Instrumente des Marketings werden mit Hilfe des **Marketing-Mix** zusammengefasst (**4P-Prinzip**: Product, Price, Place und Promote):

- Die **Produktpolitik** (Product) beschäftigt sich mit der Gestaltung des Produktes, der Schaffung eines Produktionsprogrammes/Sortiments sowie der Art des zu gewährenden Kundendienstes.

- Bei der **Kontrahierungspolitik** (Price) geht es um die Geschäftsabschlüsse. Diese hängen von den Preisen und der Preisdifferenzierung sowie der Gestaltung von Rabatten, sonstigen Konditionen und ggf. Ratenzahlungskonditionen ab.

- Die **Distributionspolitik** (Place) betrachtet den Weg der Ware hin zum Kunden (Direktvertrieb vs. Handel).

- Ziel der **Kommunikationspolitik** (Promote) ist, den Kunden auf das Unternehmen und seine Produkte aufmerksam zu machen.

Folglich stehen dem Marketing eines Unternehmens zahlreiche Instrumente bzw. Aktionsparameter zur Verfügung, die es sinnvoll zu gestalten gilt. Ziel ist dabei nicht die Auswahl einzelner Aspekte. Erst das schlüssige **Zusammenwirken** kann einen nachhaltigen Erfolg gewährleisten:

- Eine perfekte Produktpolitik bringt wenig, sofern die Kunden davon nicht im Rahmen der Kommunikationspolitik Kenntnis erlangen.

- Ebenso ist eine durchdachte Preispolitik nicht erfolgreich, sofern die Absatzwege der Distributionspolitik schlecht angelegt werden.

### Maßnahmen der Kundenbindung

Zu den Maßnahmen der Kundenbindung zählen F 2014 A6b 3 Pt. bspw.: (1) verkaufsfördernde Maßnahmen, (2) Treueangebote, (3) Beschwerdemanagement einrichten.

### Marketing-Mix für B2B und B2C

Der Marketing-Mix hängt auch davon ab, ob die Kunden Geschäftskunden oder private Endverbraucher sind:

- B2B = Business to Business: Hier handelt es sich um den Verkauf an Geschäftskunden (Investitionsgütermarketing).

- B2C = Business to Consumer: Verkauf an Endverbraucher (Konsumgütermarketing).

| Instrument | B2C | B2B |
|---|---|---|
| Produkt-politik | • Massenmarkt<br>• Innovationen ohne Einbezug des Kunden<br>• keine persönliche Zusammenarbeit | • persönlicher Ansprechpartner<br>• oft persönliche Zusammenarbeit auf Vertrauensbasis |
| Preispolitik | • Vorgabe der AGB<br>• Preisfestlegung für Kunden<br>• oft einmalige Transaktionen | • Kunden geben ihre AGB vor<br>• Kunde verhandelt Preis<br>• oft langfristige Rahmenverträge |
| Distributions-politik | • zumeist indirekter Absatz<br>• Vorratslieferung<br>• keine direkten Ansprechpartner bei uns im Verkauf für den Kunden | • häufig direkter Absatz<br>• oft Just-in-time-Lieferung erwünscht<br>• fester Ansprechpartner im Verkauf |
| Kommunika-tionspolitik | • Massenwerbung<br>• keine personalisierte Werbung<br>• Sponsoring fördert Image | • keine Massenwerbung<br>• direkte Ansprache möglicher Kunden<br>• Sponsoring eher nicht |

## 8.1.2 Marktforschung

### 8.1.2.1 Aufgaben und Ziele

Zur Analyse der Kundenwünsche bedarf es einer genauen **Marktforschung**.

### 8.1.2.2 Methoden der Marktforschung

**Zeitbezug der Marktforschung**

- **Marktbeobachtung** über einen längeren Zeitraum hinweg.

  H 2009 A1a-b  6 Pt.
  F 2016 A4a-b  5 Pt.

- **Marktanalyse** zu einem bestimmten Zeitpunkt Märkte intensiv untersuchen (bspw. Marktanteil, -volumen, Kaufkraft, Konkurrenz).

- **Marktprognose** als erwartete zukünftige Entwicklung.

**Marktuntersuchungen**

Vorteile externer Marktuntersuchungen sind:

- externe Dienstleister haben mehr diesbezügliches Know-how und die Erhebung dürfte objektiver erfolgen
- zu wenig internes Personal für dieses Vorhaben vorhanden
- da die internen Strukturen fehlen, ist es extern evtl. günstiger

Zu den möglichen Inhalten einer Marktuntersuchung könnten zählen: Trends, Konkurrenzstruktur/-verhalten, Kundeninformationen (Kundenstruktur etc.), technische Neuerungen.

### 8.1.2.3 Techniken der Marktforschung

| Marktforschung | Primärforschung | Sekundärforschung |
|---|---|---|
| **Definition** | Feldforschung (**field research**) durch erstmalige Ermittlung von Daten durch Befragungen, Interviews, Tests, Beobachtungen und Panels. | Verarbeitung vorhandener Daten (Statistisches Bundesamt, Verbände, Internet, Fachzeitschriften usw.): **desk research** |
| **Vorteile** | • aktuelle Informationen<br>• genau an den Wünschen des Unternehmens ausgerichtet | • schnell greifbar<br>• günstig |
| **Nachteile** | • Zeitbedarf<br>• teuer | • evtl. veraltet<br>• häufig nicht spezifisch genug an den Erfordernissen ausgerichtet |

**Verbraucherpanel**

Als (Verbraucher-) Panel werden regelmäßig wiederholte Befragungen der gleichen Personen zum gleichen Thema verstanden. Zweck ist die Identifikation von Veränderungen im Verbraucherverhalten, der Früherkennung von Trends usw. Nachteilig: Es ist sehr teuer und aufwendig ein solches Verfahren dauerhaft durchzuführen. Die Langzeitmotivation der Teilnehmer ist gering. Zudem führen neue Fragen/Themen zur Entwertung des Panels.

**E-Mail-Befragung**

- **Vorteile**: kostengünstig und schnell, digitale Weiterverarbeitung ebenfalls schnell und weniger fehleranfällig. Zudem handelt es sich um eine Form der Kundenpflege.

- **Nachteile**: geringe Rücklaufquote, die Befragung muss sehr knapp sein, da sonst eine noch geringere Rücklaufquote zu erwarten ist. Sofern die Rücklaufquote gering ist, dürfte die Befragung auch wenig repräsentativ sein.

### 8.1.2.4 Marktsegmentierung

Sofern ein Gesamtmarkt in Teilmärkte aufgeteilt wird, spricht man von **Marktsegmentierung**. (H 2008 A1a-c 12 Pt. | F 2013 A2a-b 7 Pt.) Hierbei werden folgende Marktsegmentierungskriterien unterschieden:

- Zu den **sozio-ökonomischen Kriterien** zählen bspw. Alter, Geschlecht, Schulbildung, Beruf, Einkommen und Vermögen.

- Zu den **psychografischen Kriterien** können Werte, Einstellungen, Normen und Glauben gerechnet werden (bspw. Kosten-, Gesundheits-, Qualitäts- und Nachhaltigkeitsorientierung).

- Bei **Investitionsgütern** würde bspw. Branche, Betriebsgröße, Lage und Dauer der Zusammenarbeit unterschieden.

- Zu den **Anforderungen der Marktsegmentierung** zählen: (1) Messbarkeit der Kriterien, (2) es lassen sich unterschiedliche Marketingmaßnahmen für die verschiedenen Marktsegmente ausüben und (3) diese unterschiedliche Handhabung lässt sich auch aus wirtschaftlicher Sicht durchführen.

## 8.1.2.5 Konkurrenzanalyse

**Branchenstrukturanalyse**

Nach *Michael E. Porter* wird die Wettbewerbsfähigkeit eines Unternehmens auf einem bestimmten Markt maßgeblich durch **fünf Wettbewerbskräfte** bestimmt:

- **direkte Konkurrenten** der eigenen Branche: Welche Marktanteile haben die Konkurrenten? Wie ist das Verhalten der Konkurrenten?

- **neue (potenzielle) Konkurrenten**: Besteht die Gefahr, dass neue Konkurrenten auf dem Markt auftreten? Woher könnten diese Konkurrenten stammen (bisherige Märkte, Produkte)?

- **Substitutionsprodukte/Ersatzprodukte**: Welche alternativen Produkte bringen dem Konsumenten den gleichen Nutzen? Sind hier technische Neuerungen zu erwarten?

- **Kunden**: Wie ist die Kundenstruktur? Wie ist die langfristige Zusammenarbeit mit diesen und deren Kundentreue?

- **Lieferanten**: Wie groß ist die Abhängigkeit von einzelnen Lieferanten? Besteht eine enge, langfristige Zusammenarbeit?

**Konkurrenzanalyse**

Die Konkurrenzanalyse bedarf der Identifikation möglicher Konkurrenten. Diese können anhand der folgenden Aspekte ermittelt werden: (1) gleiche Zielgruppen bei Kunden, (2) vergleichbare Produkte, (3) gleiche Absatzmärkte, (4) ähnliche Produktqualität, (5) vergleichbares Preisniveau, (6) ähnliche Vertriebskanäle und (7) ähnliche Unternehmensgröße. Im Rahmen einer **Stärken-/Schwächen-Analyse** kann dann ein Vergleich mit den stärksten Konkurrenten anhand der folgenden Kriterien erfolgen: Qualität, Preise, Innovationskraft, Reaktionsgeschwindigkeit auf Marktveränderungen, Sortimentsbreite/-tiefe, Fertigungsverfahren, Marketingaktivitäten, Service usw.

## 8.2 Preispolitik

### 8.2.1 Einfluss der Marktformen auf die Preispolitik

**Marktformen**

Die **Mikroökonomie** beschäftigt sich mit dem Verhalten der Unternehmen, der privaten Haushalte und des Staates auf einzelnen Märkten.

| Anzahl der Nachfrager | Anzahl der Anbieter | | |
| --- | --- | --- | --- |
| | viele (poly) | wenige (oligo) | einer (mono) |
| viele | **Polypol** (Gastronomie, Häuser) | (Angebots-) **Oligopol** (Strom, Gas) | (Angebots-) **Monopol** (Abwasser) |
| wenige | Nachfrageoligopol | zweiseitiges Oligopol | beschränktes (A.-) Monopol |
| einer | Nachfragemonopol | beschränktes N.-Monopol | zweiseitiges Monopol |

**Preisbildung im Polypol, Oligopol und Monopol**

Der **Polypolist** ist ein Preisnehmer und Mengenanpasser. Er kann nicht selbstständig Preise festlegen. Er orientiert sich an den Preisen seiner Konkurrenten. Zudem haben die Leute räumliche, zeitliche und persönliche Präferenzen. **Als Folge lässt sich kein einheitlicher Marktpreis ableiten.** Der Polypolist hat einen, wenn auch geringen, Spielraum der Preisfestlegung.

Die **Preisbildung im Oligopol** kann zu drei Situationen führen:

- intensiver Wettbewerb bzgl. Preise, Qualität, Service u. Fortschritt
- Preiskartelle bei Absprachen über die Preise
- friedliches Parallelverhalten, wenn bspw. der Rohölpreis steigt, trifft dies alle Anbieter und alle Mineralölkonzerne müssen dies in ihrer Preiskalkulation für Benzin/Heizöl berücksichtigen.

Der **Monopolist** hat hingegen die alleinige Preissetzungskompetenz. Jedoch muss der Monopolist Rücksicht auf Substitutionskonkurrenz nehmen (bspw. die Bahn auf Fernbusse).

## Angebots- und Nachfragefunktionen

Das **Marktgleichgewicht** befindet sich dort, wo sich Angebot und Nachfrage treffen. Zudem gilt:

- **Gesetz der Nachfrage**: Bei steigendem Preis sinkt für gewöhnlich die Nachfrage.

- **Gesetz des Angebots**: Bei steigendem Preis steigt für gewöhnlich das Angebot.

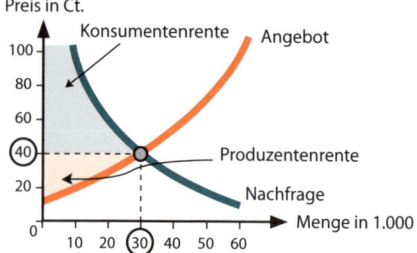

**Tipp:**
In der Realität wird es sich eher um Kurven handeln. Zur einfacheren Darstellung können in der Prüfung auch Geraden verwendet werden.

- Bei einem Ungleichgewicht tendiert der Preis hin zum Gleichgewicht. Ist der Preis oberhalb des Gleichgewichtspreises, herrscht ein **Angebotsüberhang** (Nachfragelücke). Hier wird der Preis sinken.

- Ist der Preis unterhalb des Gleichgewichtspreises, herrscht ein **Nachfrageüberhang** (Angebotslücke). Hier wird der Preis steigen.

- Es gibt Konsumenten, die bereit wären, mehr als den Marktpreis zu bezahlen. Deren »Ersparnis« heißt **Konsumentenrente**.

- Es gibt Produzenten, die auch günstiger als zum Marktpreis anbieten könnten. Deren zusätzlicher Gewinn durch den höheren Marktpreis wird als **Produzentenrente** bezeichnet.

## 8.2.2 Preisbildung und -gestaltung

Ziel der Preispolitik (**Kontrahierungspolitik**) ist die angemessene Preisgestaltung. Hierzu zählen neben den eigentlichen Preisen auch sonstige Konditionen wie bspw. Rabatte, Skonti und Konsumentenkredite. Die Preisgestaltung hängt u. a. von den Kosten, der Konkurrenz, der Nachfrage, Trends usw. ab:

| F 2008 | A1a | 3 Pt. |
| H 2008 | A2 | 6 Pt. |
| H 2015 | A4a | 2 Pt. |

- **kostenorientierte Preisgestaltung**: Die Preise orientieren sich an den hierfür notwendigen Kosten.

- **konkurrenzorientierte Preisgestaltung**: Die Höhe der Preise wird an der Preisgestaltung der Konkurrenz ausgerichtet.

- **nachfrageorientierte Preisgestaltung**: Die Preise werden an der vorhandenen Nachfrage der Konsumenten ausgerichtet.

### Kostenorientierte Preisgestaltung

- Die **Vollkostenrechnung** rechnet zur Bestimmung der Preisuntergrenze sämtliche Kosten (Einzel- und Gemeinkosten) in die Preise ein. Die resultierenden Selbstkosten stellen die langfristige Preisuntergrenze dar.

- In der **Teilkostenrechnung** werden nur die entscheidungsrelevanten Kosten betrachtet. In der Deckungsbeitragsrechnung sind das die variablen Stückkosten, die dabei als kurzfristige Preisuntergrenze gelten (auch absolute Preisuntergrenze genannt).

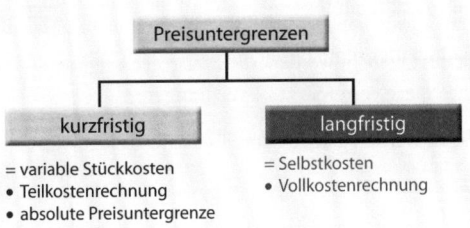

Da beide Ansätze nicht in jeder Situation überzeugen können, gibt es auch andere Ansätze, wie bspw. die **Prozesskostenrechnung**, die jedoch auch eigene Probleme haben. Die perfekte Lösung gibt es nicht, da grundsätzlich die folgenden Probleme niemals perfekt gelöst werden: (1) Problematik der Einzel- und Gemeinkosten. (2) Problematik der Fixkosten vs. variable Kosten

Zu den grundsätzlichen **Vorteilen** der kostenorientierten Preisgestaltung zählen:

- Die Preise können kostendeckend gestaltet werden.
- Es kann eine differenzierte Preisgestaltung vorgenommen werden.
- Immer dann sinnvoll, wenn es für individuelle Produkte keine vergleichbaren Marktpreise gibt.

Zu den **Nachteilen** zählen:

- Es ist aufgrund der oben genannten Probleme schwierig, die korrekten Kosten zu ermitteln.
- Sofern die Kosten annähernd korrekt bestimmt werden können, kann es jedoch trotzdem sein, dass die Konkurrenz wesentlich günstiger ist oder die Nachfrager grundsätzlich nicht bereit sind, diese Preise zu bezahlen.

### Konkurrenzorientierte Preisgestaltung

Alternativ können die Preise an der Konkurrenz ausgerichtet werden. Hier bieten sich drei grundlegende Strategien an:

- **Preiskampf**: Es kann versucht werden, die Preise der Konkurrenten zu unterbieten, um diese vom Markt zu verdrängen.
- **Preisabsprachen**: Es werden gemeinsame Preise festgelegt.

- **Parallelverhalten**: Bei dieser wirtschaftsfriedlichen Koexistenz werden bspw. aus Kosten- oder Nachfragegründen grundsätzlich ähnliche Preise veranschlagt, ohne dass dies auf einer Absprache beruht.

Zu den **Vorteilen** der konkurrenzorientierten Preisgestaltung zählen:

- Man orientiert sich an der Konkurrenz (ob Preiskampf, Absprache oder Parallelverhalten) und hat dabei die Konkurrenz besser im Blick.
- Es werden nicht marktunübliche Preise verlangt und somit können Kunden gehalten oder gar gewonnen werden.

Zu den **Nachteilen** der konkurrenzorientierten Preisgestaltung zählen:

- Es wäre denkbar, dass die Konkurrenz aufgrund geringerer Kosten mit geringeren Preisen gut leben kann und wir daher bei einer Orientierung an deren Preisen zugrunde gehen. In diesem Fall müssten die Kosten gesenkt oder ein höherer Preis durch bspw. eine bessere Qualität gerechtfertigt werden.
- Sofern man sich allzu sehr an den Preisen der Konkurrenz orientiert, erfolgt evtl. aus Sicht des Kunden keine klare Abgrenzung gegenüber der Konkurrenz.
- Die Gewinne/Renditen können gering ausfallen.
- Nicht durchführbar, sofern es keine vergleichbaren Konkurrenzprodukte gibt.

### Nachfrageorientierte Preisgestaltung

Die nachfrageorientierte Preisgestaltung orientiert sich an Konsumenten und deren Kaufkraft und Kaufwillen. Hierfür ist eine möglichst realitätsnahe **Marktforschung** erforderlich, die uns die Kundenwünsche offenbart.

Als **Vorteil** kann die Ausrichtung an den Kundenvorstellungen angebracht werden. **Nachteilig** ist dabei die evtl. nicht vorhandene Kostendeckung. Sowohl eine nachfrageorientierte als auch konkurrenzorientierte Preisgestaltung erfordern häufig eine **Mischkalkulation**. Sofern für bestimmte Produkte aus Konkurrenz- oder Nachfragegründen keine kostendeckenden Preise durchgesetzt werden können, muss dies durch entsprechend höhere Preise bei anderen Produkten ausgeglichen werden. Dies ist sowohl bei der Industrie als auch im Handel sehr gebräuchlich. Dabei werden häufig Zubehör oder Service übermäßig teuer angeboten.

Zudem können für das gleiche Produkt verschiedene Preise veranschlagt werden (**Preisdifferenzierung/-variation:** Kap. 8.2.4). Zuvor betrachten wir einige grundsätzliche **preispolitische Strategien** (Kap. 8.2.3).

### 8.2.3 Preisstrategien

Zu den **preispolitischen Strategien** zählen:

| F 2008 | A1b | 9 Pt. |
| F 2010 | A9c | 5 Pt. |
| F 2011 | A5c | 5 Pt. |
| H 2015 | A4b | 6 Pt. |
| F 2017 | A3b | 6 Pt. |

| ■ | Strategien des Preiswettbewerbs (Konkurrenzstrategien) ||
|---|---|---|
| | beziehen sich auf das Verhalten gegenüber der Konkurrenz ||
| 1. | **Preisführerschaft** | Durch die Qualität, das Image, Service oder Innovationskraft kann eine Vorreiterrolle bei der Preisgestaltung gespielt werden, an der sich die Konkurrenten orientieren. |
| 2. | **Preiskampf** | Hier wird versucht, durch Preisunterbietungen gegenüber Konkurrenten Marktanteile zu gewinnen (bspw. bei Discountern). |
| 3. | **Preisfolgerschaft** | Hier orientiert man sich an der Preisgestaltung der Konkurrenz. |

| ■ | Strategien der Preispositionierung (= statische Preisstrategien) | |
|---|---|---|
| | **beziehen sich auf die Höhe des Preises** | |
| 4. | **Hochpreisstrategie** (dauerhaft: **Premiumpreisstrategie**, vorübergehend: **Abschöpfungsstrategie**) | Einen besonders hohen Preis können bspw. Premiummarken setzen (bspw. BMW). |
| 5. | **Mittelpreisstrategie** | Ein mittleres Preisniveau bei Standardqualität und -service (bspw. VW). |
| 6. | **Niedrigpreisstrategie** (dauerhaft: **Promotionspreisstrategie**, vorübergehend: **Penetrationsstrategie**) | Um einen Massenmarkt bedienen zu können, müssen meist niedrige Preise gewählt werden (bspw. Seat). Nachteilig: Könnte Preiskampf auslösen und Kunden erwarten zukünftig immer niedrige Preise. |

| ■ | Strategien der Preisabfolge (= dynamische Preisstrategien) | |
|---|---|---|
| | **beziehen sich auf die Position im Lebenszyklus** | |
| 7. | **Penetrationsstrategie** (**Marktdurchdringungsstrategie** bei Newcomern) | Einführungsphase durch niedrige Preise. Schrittweise können in der Wachstumsphase die Preise erhöht werden. Durch die anfänglich niedrigen Preise werden Wettbewerber ferngehalten. Voraussetzungen: Image, Qualität oder Exklusivität. |
| 8. | **Skimmingstrategie** (**Abschöpfungsstrategie** bei innovativen Produkten) | Es wird versucht durch hohe Preise in der Einführungsphase einen möglichst großen Gewinn zu Beginn abzuschöpfen – bis entsprechend Konkurrenten auf den Markt kommen. Voraussetzungen: Massenmarkt, Stückkostendegression. |

## 8.2.4 Preisdifferenzierung

Im Fach Volkswirtschaftslehre lernten wir den Begriff **Konsumentenrente** kennen. Dieser steht für die Kaufbereitschaft der unterschiedlichen Kunden.

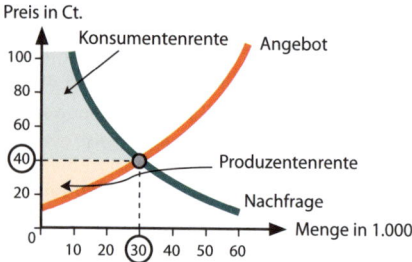

So gibt es immer Kunden, die auch bereit wären, einen höheren Preis zu bezahlen. Bei einem einheitlichen Marktpreis ersparen sich diese Kunden den höheren Preis – sie erzielen eine Konsumentenrente.

Das **Ziel der Preisdifferenzierung** (bzw. Preisdiskriminierung) ist nun die **Abschöpfung dieser Konsumentenrente**. Zu diesem Zweck werden für das gleiche Produkt unterschiedliche Preise verlangt. Es muss jedoch gegenüber dem Kunden eine halbwegs sinnvolle Begründung für diese Diskriminierung gegeben werden. **Voraussetzungen**: (1) geringe Markttransparenz, (2) Durchsetzbarkeit, (3) unterscheidbare Kundengruppen. Dabei werden die folgenden **Strategien der Preisdifferenzierung** unterschieden:

- **mengenbezogene Preisdifferenzierung**: Wer entsprechend größere Mengen kauft, erhält Mengenrabatt und zahlt pro Einheit weniger.

- **räumliche Preisdifferenzierung**: Die Preise unterscheiden sich in den verschiedenen Staaten, Regionen und Städten oder zwischen Stadt und Land (bspw. bei Wohnungsmieten).

- **zeitliche Preisdifferenzierung**: Hier werden je nach Tageszeit (bspw. Benzin an Tankstellen, Cocktails in Bars), Wochentag (bspw.

Kino-Eintrittskarten) oder Jahreszeiten (bspw. Haupt-/Nebensaison in Hotels und Restaurants) unterschiedliche Preise angesetzt.

- **personelle Preisdifferenzierung**: Bestimmte Personengruppen erhalten unterschiedliche Preise (bspw. Geschäftskunden vs. Privatkunden, Schüler/Studenten/Rentner vs. gewöhnliche Kunden, Mitglieder eines Klubs vs. Außenstehende).

- **leistungsbezogene Preisdifferenzierung**: Sofern das Produkt durch geringe Abweichungen abgewandelt wird, können ebenfalls unterschiedliche Preise angesetzt werden (bspw. Taschenbücher vs. gebundene Ausgaben, 1. und 2. Klasse der Deutschen Bahn).

- **Preisbündelung**: Wenn Produkte nur oder auch zusammen mit anderen Produkten gebündelt werden, können auch unterschiedliche Preise angesetzt werden (bspw. Mobilfunkverträge).

Der ideale Zustand wäre für Unternehmen natürlich dann erreicht, wenn jeder Kunde genau den Preis bezahlen würde, der exakt seiner Zahlungsbereitschaft entspricht und somit die gesamte Konsumentenrente abgeschöpft würde. Dies bedürfte eines »gläsernen Kunden«.

**Preisvariation**

Die Preisvariation ist eng mit der Preisdifferenzierung verwandt. Sie zielt weniger auf die Abschöpfung der Konsumentenrente. Vielmehr möchte sie aufgrund kurzfristiger Veränderungen der Preise möglichst hohe Gewinne erzielen. Es werden zwei Formen von **Preisnachlässen** unterschieden:

- Bei einem **direkten Preisnachlass** wird der Verkaufspreis reduziert.

- Sofern es stattdessen beim gleichen Preis sonstige Vergünstigungen gibt (bspw. zusätzliche Leistungen, Zugaben, mehr Service, längere Garantiezeiten), spricht man von **indirekten Preisnachlässen**.

- Zu den **Vorteilen der indirekten Preisnachlässe** zählen: (1) Spätere Rücknahmen der Preisnachlässe sind einfacher als direkte Preiserhöhungen. (2) Der Preis wird weniger transparent, wodurch

Änderungen ebenfalls leichter durchsetzbar sind. (3) Die Zusatzleistungen werden ggf. als wertvoller eingeschätzt als sie tatsächlich sind.

- Zu den **Gefahren von direkten und indirekten Preissenkungen** zählen: (1) Preissenkungen lassen sich nur schwer wieder zurücknehmen, (2) Konkurrenten könnten Preissenkungen nachahmen und damit einen Preiskampf fortführen und (3) die Qualität der Produkte wird aufgrund der Preissenkungen geringer eingeschätzt.

### 8.2.5 Wesentliche Rechtsvorschriften

**Verbot des unlauteren Wettbewerbs (UWG)**

Laut der **Generalklausel des UWG in § 3** sind alle unlauteren geschäftlichen Handlungen zu unterlassen, sofern sie die Interessen von Mitbewerbern (= Konkurrenten), Verbrauchern oder sonstigen Marktteilnehmern (bspw. Lieferanten) spürbar beeinträchtigen. Konkret:

- **irreführende Werbung (§ 5 UWG)** durch a) unwahre Angaben oder b) das Verschweigen von wesentlichen Tatsachen, bspw.:
  - ohnehin vorhandene Rechte als Besonderheit bewerben
  - Gratisangaben, die sehr wohl Kosten beinhalten
  - Teilnahme an einem Glückspiel vom Erwerb von Gütern abhängig machen.
  - Qualitätskennzeichnung ohne Genehmigung hierzu
- **vergleichende Werbung (§ 6 UWG)** ist seit dem letzten Jahrzehnt zwar erlaubt, aber nur sofern sie nicht unlauter ist. Weiterhin verboten sind Verunglimpfungen, Lügen, Verschleierungen, Verwechselungsversuche usw. Die Durchsetzung der diesbzgl. Ansprüche erfolgt durch Abmahnung über Verbände und Kammern oder Beantragung einer einstweiligen Verfügung vor Gericht. Es bestehen folgende **Ansprüche**:
  - Unterlassung der unlauteren Werbung

- Beseitigung der unlauteren Werbung
- Schadensersatz und ggf. Gewinnabschöpfung
- **unzumutbare Belästigung** (§ 7 UWG) ist verboten bei Werbung, die der Angesprochene offensichtlich nicht erwünscht (bspw. Telemarketing ohne vorherige Einwilligung, Briefkastenwerbung).
- Achtung: **Räumungsverkäufe** und sonstige Sonderveranstaltungen sind seit über einem Jahrzehnt nicht mehr im UWG geregelt und damit zulässig, sofern keine sonstigen unlauteren Handlungen (bspw. irreführende Werbung) vorliegen.

**Kartellverbot (GWB)**

Das Gesetz gegen Wettbewerbsbeschränkungen (GWB) aus dem Jahr 1957 beinhaltet u. a.:

- **Kartellverbot**: Grundsätzlich sind Kartelle verboten. Hiervon gibt es allerdings Ausnahmen – bspw. Mittelstandskartelle. Im Missbrauchsfall kann das Bundeskartellamt (BKartA) a) Bußgelder verhängen, b) auf Unterlassung oder c) auf Schadensersatz klagen.
- **Zusammenschlusskontrolle:** Sofern eine marktbeherrschende Stellung vorliegt oder vermutet wird, …
  - müssen beabsichtigte Zusammenschlüsse beim Bundeskartellamt angezeigt werden.
  - kann das Bundeskartellamt bei einer tatsächlichen oder vermuteten Entstehung oder Verstärkung einer marktbeherrschenden Stellung den Zusammenschluss untersagen.
  - kann der Bundesminister für Wirtschaft in Ausnahmefällen einen vom Bundeskartellamt untersagten Zusammenschluss genehmigen (Ministererlaubnis).
- **Missbrauchsaufsicht**: Marktmachtmissbrauch ist generell untersagt (§ 19 GWB). Zu den weiteren diesbzgl. Verboten zählen:
  - **Gebietsschutz/Exklusivität, Bezugsbindungen**

- **Boykott, Diskriminierung** (§ 20 GWB), **Ausschließlichkeitsbindungen** (§ 21 GWB).
- **Preisbindungen der zweiten Hand** (des Handels) sind grundsätzlich verboten (Ausnahme bspw. Bücher).

Zu den ggf. erlaubten Formen der Wettbewerbsbeschränkungen zählen:

- **Unverbindliche Preisempfehlungen** sind erlaubt, sofern kein Wettbewerbsdruck ausgeübt wird.
- **Höchstpreisbindungen** für den Handel sind unter bestimmten Bedingungen erlaubt.

### 8.2.6 Konditionenpolitik

Neben der eigentlichen Preisgestaltung gehören zur Preispolitik/Kontrahierungspolitik auch verschiedene Elemente der Konditionenpolitik:

- **Mengenrabatte**: Bei Abnahme größerer Mengen werden Mengenrabatte gewährt.
- **Zeitrabatte**: Bei entsprechender frühzeitiger Bestellung gibt es entsprechende Rabatte (bspw. bei der Deutschen Bahn).
- **Lieferbedingungen**: Versandkosten, Liefertermine, Umtauschregelungen, Gefahrenübergang.
- **Zahlungsbedingungen**: Skonto (Ziel: Liquidität, Kundenbindung), Zahlungsfristen, Zahlungsweise (bar, Überweisung etc.).
- **Kreditpolitik**: Ratenzahlung, Leasing etc. um die Nachfrage anzuregen.
- **Boni**: Wird ein bestimmtes jährliches Umsatzziel erreicht, werden häufig nachträgliche Bonuszahlungen (= nachträglicher Rabatt) gewährt.
- **Valuta** steht für die Wertstellung einer Zahlung.

## 8.3 Produktpolitik

Im Zentrum der Marketinginstrumente steht die Produktpolitik. Denn dem Kunden geht es vor allem um ein aus seiner Sicht optimales Produkt. Zur Produktpolitik gehören:

- Das Ziel der **Produktgestaltung** ist die grundlegende Gestalt (Funktionalität, Design etc.) des Produkts zu optimieren.

- In der **Programm- und Sortimentspolitik** werden die verschiedenen Produkte eines Unternehmens sinnvoll zusammengefügt.

- Neben dem eigentlichen Produkt wird dem Kunden ein Mehrwert durch eine kundenfreundliche **Servicepolitik** gewährt.

### 8.3.1 Produktgestaltung

Welche Faktoren bestimmen den Wert eines Produktes aus Sicht des Kunden? Hierzu zählen vor allem die folgenden Aspekte:

- **Funktionalität des Produkts**: Welche Funktionen bietet das Produkt für den Kunden? Hierbei ist auch die Innovationsleistung aus Sicht des Kunden zu beachten.

- **Qualität des Produkts**: Welche Qualität hat unser Produkt?

- **Design des Produkts**: Wie ist das Design zu beurteilen?

- **Markenstrategie**: Welche Markenstrategie betreiben wir? Welchen Imagegewinn kann der Kunde aus dem Kauf des Produkts erzielen?

- **Verpackung**: Inwiefern schafft die Verpackung beim Kunden einen Mehrwert?

- **Serviceleistungen**: Welche Serviceleistungen bieten wir dem Kunden?

## Produktnutzen

In Bezug auf den Produktnutzen werden verschiedene Dimensionen unterschieden:

- **Grundnutzen**: Das sind die grundlegenden Eigenschaften, die Kunden beim Kauf des Produkts erwarten (bspw. können mit einer externen Festplatte Daten gespeichert werden).

- **Zusatznutzen**: Alle zusätzlichen Formen der Funktionalität bzw. der Qualität werden als Zusatznutzen bezeichnet (bspw. kann die Festplatte einen besonderen Datenschutz durch Passwortschutz oder eine besondere Datensicherheit durch eine besonders stabile Bauweise gewähren).

- **Erbauungsnutzen**: Das Design kann das ästhetische Empfinden des Käufers erfreuen (bspw. könnte sich die Festplatte besonders formschön zu einem passenden Designerlaptop ergänzen).

- **Geltungsnutzen**: Hierdurch erlangt der Käufer soziale Anerkennung bzw. Aufwertung durch die öffentliche, zur Schau gestellte Nutzung (in unserem Beispiel ist das bei einer externen Festplatte schwer vorstellbar, bei einem Smartphone hingegen schon).

### 8.3.2 Produktlebenszyklus

Mittels des **Produktlebenszyklus** lassen sich mögliche Zukunftsaussichten unserer vorhandenen Produkte/Sortimentsbereiche analysieren, um daraus eine optimale Strategie ableiten zu können.

| H 2007 | A2d | 5 Pt. |
|---|---|---|
| F 2009 | A1a | 4 Pt. |
| H 2013 | A3 | 12 Pt. |
| H 2016 | A7 | 10 Pt. |
| H 2018 | A2 | 9 Pt. |

Es werden fünf Phasen unterschieden: ❶ Einführungsphase, ❷ Wachstumsphase, ❸ Reifephase, ❹ Sättigungsphase und ❺ Degenerationsphase. Aufgrund hoher Einführungskosten (Forschung und Entwicklung, Werbung) entstehen zu Beginn Verluste. In der Wachstums-/Reifephase kommen für gewöhnlich Konkurrenten auf den Markt und mindern die Gewinne – trotz noch steigender Umsätze. Es können grundsätzlich Gewinn, Umsatz, Marktanteil, Deckungsbeitrag usw. betrachtet werden.

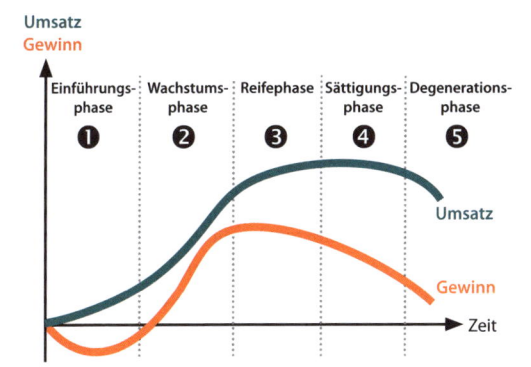

**Tipps:**

1. Häufig wird in Abbildungen der Verlust in der Einführungsphase nicht eingezeichnet/berücksichtigt. 2. Die Phasen 1, 2, 3 und 5 können in die folgende Portfolio-Analyse übertragen werden. Man startet links oben im Uhrzeigersinn (Einführungsphase = Fragezeichen, Wachstumsphase = stars, Reifephase = cash cows, Degenerationsphase = poor dogs).

| Lebenszyklusphase | Instrument der Marketingpolitik |
|---|---|
| ❶ Einführung | • Aufbau des Distributionssystems<br>• Promotionsstrategie im Verkauf |
| ❷ Wachstum | • Expansionswerbung<br>• breite Käuferschichten bewerben |
| ❸ Reife | • Preissenkungen<br>• Produktvariationen |
| ❹ Sättigung | • Erhaltungswerbung<br>• Sondermodelle und Zugaben |
| ❺ Degeneration | • Produkteliminierung<br>• Abverkaufmaßnahmen |

### 8.3.3 Portfolio-Analysen

Die **Portfolio-Analyse** (BCG = Boston Consulting Group) betrachtet weitere Faktoren, die Auskunft über die Lage und zukünftige Entwicklungen unserer Produkte geben könnten. Ziel ist jeweils eine angepasste optimale Strategie (**Normstrategie**) für die einzelnen Produkte in den 4 Feldern:

| H 2007 | A2c | 8 Pt. |
| F 2009 | A1b | 4 Pt. |
| F 2015 | A7a-c | 13 Pt. |

❶ **Fragezeichen** (Question marks): Diese Märkte mit Chancen sind nicht eindeutig. Sofern die Chancen gut stehen, vom Marktwachstum zu profitieren, sollte kräftig investiert werden (**Offensivstrategie**). Andernfalls sollte ein Rückzug vom Markt erwogen werden.

❷ **Sterne** (Stars) müssen am Himmel bleiben. Daher muss investiert werden, um die Marktstellung halten zu können (**Wachstumsstrategie**).

❸ Bei **Melkkühen** (Cash cows) sollten nur die notwendigen Investitionen durchgeführt werden. Die Überschüsse sollten zur Förderung zukünftiger Stars in aktuelle, Erfolg versprechende Fragezeichen investiert werden (**Gewinnabschöpfungsstrategie**).

❹ Die **armen Hunde** (Poor dogs) sollten vom Markt eliminiert werden (**Desinvestitionsstrategie**). Nur aus Gründen der Produktion, des Sortiments oder des Images könnte ein Weiterbetrieb gerechtfertigt sein.

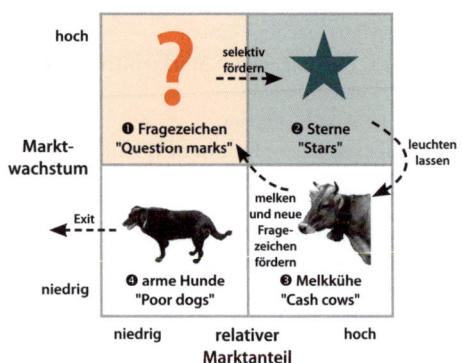

**Tipp:**
Die Bedeutung der Produkte, Produktgruppen oder Sparten kann durch die Größe von Kreisen dargestellt werden.

Zur **Berechnung des relativen Marktanteils** wird folgende Formel verwendet (bspw. unser Marktanteil = 15 %, stärkster Konkurrent = 25 %):

$$(8.1) \quad \text{relativer Marktanteil} = \frac{\text{eigener Marktanteil}}{\text{Marktanteil d. stärksten Konkurrenten}} \cdot 100\,\%$$

$$= \frac{15\,\%}{25\,\%} \cdot 100\,\% = 60\,\%$$

Neben dem Marktwachstum und dem relativen Marktanteil kann eine **dritte Dimension** eingebaut werden: Der **Umsatz** der betreffenden Produkte wird durch die **Größe von Kreisen** dargestellt.

Zu den **Stärken und Schwächen der BCG-Portfolio-Analyse** zählen:

- **Stärken/Vorteile**: schneller Überblick, leichte Ableitung von Normstrategien und deren Handlungsempfehlungen.

- **Schwächen/Nachteile**: da nur max. drei Dimensionen betrachtet werden, können niemals alle Unterschiede dargestellt werden, etwas schematisch, kann zu kurzsichtigem Handeln verleiten.

### 8.3.4 Sortimentsplanung

**Produktinnovation (Innovation und Imitation)**

Im Rahmen des Wettbewerbs stehen einem Unternehmen grundsätzlich die folgenden **Markteintrittsstrategien** zur Verfügung: (H 2011 A1a-b, 3 Pt.)

- Zunächst wird ein Produkt von einem **Innovator** (Pionier) neu entwickelt (Innovation).

- Der **Imitator** (Nachahmer) kopiert (imitiert) das Produkt. Gegebenenfalls kann er das Produkt weiterentwickeln und damit ein neuer **Innovator** werden. Dabei holt er den alten Innovator nicht nur ein, sondern überholt diesen.

## Produktvariation und Produktdifferenzierung

Die **Produktvariation** (manchmal als »Facelift« bezeichnet) steht für eine Anpassung oder Veränderung eines schon auf dem Markt vorhandenen Produktes, das danach etwas verändert weiterhin angeboten wird (bspw. Anpassung der Rezeptur eines Getränks oder die neue Generation eines technischen Geräts).

Die **Produktdifferenzierung** (zunehmende **Sortimentstiefe**) steht für eine Erweiterung bzw. Ergänzung eines vorhandenen Produktes hinsichtlich technischer Ausstattung, Design (Farbe, Form) usw. Es gibt dann **verschiedene Ausführungsvarianten eines Produktes**. Hier sollen durch die verschiedenen Formen des Produktes verschiedene Kundenwünsche erfüllt werden.

Die **Produktmodifikation** wird als Oberbegriff für die beiden Begriffe Produktvariation und Produktdifferenzierung verwendet.

## Produktdiversifikation

Sofern das Sortiment um neue Produkte erweitert wird (zunehmende **Sortimentsbreite**), spricht man von **Produktdiversifikation**. Hierbei werden verschiedene Formen unterschieden:

- Die **horizontale Diversifikation** steht für eine Ausdehnung auf der gleichen Wirtschaftsstufe mit ähnlichen Produkten (bspw. könnte der Hersteller externer Festplatten auch interne Festplatten oder USB-Sticks produzieren).

- Bei der **vertikalen Diversifikation** werden vor- oder nachgelagerte Produkte integriert (bspw. durch Kauf eines Herstellers von Speicherbausteinen oder Verkauf von Laptops inkl. Festplatten).

- Die **laterale Diversifikation** steht für eine Produktpalette ohne inneren Zusammenhang (bspw. Festplatten und Taschenlampen).

Kunden erwarten zumeist nicht nur ein bestimmtes Produkt, sondern eine ganze Produktlinie. Für gewöhnlich bezeichnen Hersteller dies als Programm. Der Handel spricht hingegen von Sortiment.

**Sortimentsbreite und -tiefe**

Es sind besonders die folgenden beiden Dimensionen der Sortimentsgestaltung zu beachten:

- **Sortimentsbreite**: Sie steht für die Vielzahl der Produkte (bspw. externe/interne Festplatten, USB-Sticks, Speicherkarten, Adapterlösungen usw.).

- **Sortimentstiefe**: Hier geht es um die Varianten innerhalb einer Produktart (bspw. Speicherumfang der externen Festplatten 256 GB, 512 GB, 1 TB, 2 TB oder die Farbvariationen bzw. Größe und Technik: SSD vs. herkömmliche Festplatten).

**Produktelimination/Sortimentsbereinigung**

Erfolglose Produkte könnten zu einem bestimmten Zeitpunkt eliminiert und damit das Sortiment bereinigt werden. Zunächst stellt sich dabei die Frage nach den möglichen **Analysetechniken**. Hier könnten bspw. die schon in Kapitel 8.3.2 beschriebene Produktlebenszyklusanalyse oder die Portfolio-Analyse verwendet werden. Zudem wären Deckungsbeitragsanalysen oder eine ABC-Analyse denkbar:

| H 2007 | A2a-b | 6 Pt. |
| H 2011 | A1a-b | 3 Pt. |

- **Produktlebenszyklusanalyse**: Produkte am Ende eines Zyklus in der Sättigungs- oder Degenerationsphase könnten eliminiert werden, sofern kein Relaunch Erfolg verspricht.

- **Portfolio-Analyse**: Insbesondere Poor dogs stehen mit ihren geringen Erfolgsaussichten zur Eliminierung frei. Zudem könnten auch abgelehnte Fragezeichen ausgesondert werden.

- **ABC-Analyse:** Eine auf die Absatzprodukte angewandte ABC-Analyse könnte zur Aussonderung von C-Artikeln führen.

- **Deckungsbeitragsanalyse:** Produkte die im Rahmen einer möglichst mehrstufigen Deckungsbeitragsanalyse negative Deckungsbeiträge erwirtschaften, stehen ggf. zum Abschuss frei.

Zu den möglichen **Kriterien bei der Selektion/Bereinigung** zählen:

- **Umsätze**, Umsatzanteile an den Gesamtumsätzen

- **Marktanteile** absolut in € oder relativ im Verhältnis zu den stärksten Konkurrenten

- **Marktwachstum, Kosten, Gewinn**

- **Deckungsbeiträge** absolut in € oder relativ in Bezug auf Umsätze oder Fertigungsengpässe

- **Lagerumschlagshäufigkeiten**

Zum Schluss muss geprüft werden, ob die ausgewählten Produkte überhaupt eliminiert werden können. Folgende Gründe sprechen dagegen:

- **Sortimentsnotwendigkeit:** Die Eliminierung bestimmter Produkte reduziert auch den Verkauf verbundener Produkte.

- **Imageschaden:** Das Image kann nachhaltig geschädigt werden, wenn bestimmte Produkte aus dem Sortiment verbannt werden.

- **Nachkaufgarantien:** Sofern dem Kunden versprochen wurde, dass er jederzeit zur Ergänzung nachkaufen könne, ist es nicht ratsam, die Produkte zu eliminieren (bspw. bei Geschirr & Besteck).

- **Fixkostenproblematik:** Zumindest kurzfristig lassen sich bestimmte Fixkosten nicht abbauen, weshalb diese die Erfolgszahlen der anderen Produkte reduzieren.

- **Bestellkostenproblem:** Da Vorprodukte nun in ggf. geringeren Mengen bezogen werden, steigen deren Bezugskosten pro Einheit.

## 8.3.5 Produktplanung

**Produktentwicklungsprozess**

Die Einführung neuer Produkte besteht aus verschiedenen Phasen. Zu den verschiedenen Ansätzen zählen bspw.:

- Planungsphase, Konzeptphase, Entwurfsphase und Ausführungsphase (Modell von Pahl/Beitz).
- Ideenfindung, Ideenbewertung, Produktentwicklung im engeren Sinne, Modelle/Prototypen, Testreihen, Serienreife, Fertigung und Markteinführung.

**Tipp:**
Zu beachten sind bei der Produktpolitik auch die Positionen der einzelnen Produkte im Produktlebenszyklus.

**Rechtsschutz von Erzeugnissen**

Neben Marken (siehe nächste Seite) gibt es **weitere wichtige gewerbliche Schutzbereiche**. Zu diesen zählen insbesondere:

- **Patente**: Sofern eine herausragende technische Erfindung getätigt wird, kann diese beim Patentamt in München angemeldet werden (bzw. EU/international). Dadurch erhält der Patentinhaber das exklusive Verwertungsrecht seiner Erfindung für 20 Jahre.
- **Gebrauchsmuster**: Hierbei handelt es um das sogenannte »kleine Patent« für unbedeutende Neuerungen (Schutzdauer nur 10 Jahre).
- **Geschmacksmuster**: Sie dienen dem Schutz von Design.
- **Gütezeichen/-siegel** sind Produktkennzeichnungen hinsichtlich der Qualität eines Produkts (bspw. *Geprüfte Sicherheit, Bio-Siegel, Blauer Engel, Öko-Tex, TÜV*).

## Markenstrategie

Der Zweck einer Markenstrategie ist die Unterscheidung und Differenzierung der eigenen Produkte und Produktgruppen von denjenigen anderer Unternehmen. Der Kunde soll sich mit den Marken identifizieren können. Teilweise werden in größeren Unternehmen auch miteinander konkurrierende Marken aufgebaut, um damit unterschiedliche Kundengruppen anzusprechen und internen Wettbewerb zu schaffen. Eine Marke hebt sich von anderen Produkten durch ihr Produktdesign, die Qualität, den Service usw. ab.

Folgende Elemente dienen zur **Definition einer Herstellermarke**:

- Firma des Herstellers
- Logo, Schriftart, Farben des Unternehmens
- Image und Bekanntheitsgrad des Herstellers
- Qualitäts-/Serviceniveau des Herstellers

Zu den **Vorteilen** einer erfolgreichen **Markenstrategie** zählen:

- Etablierung eines Kundenvertrauens durch überzeugende Qualität
- dadurch Festlegung höherer Verkaufspreise
- höhere Gewinnmargen und damit eine höhere Rentabilität
- zunehmender Bekanntheitsgrad, Wiedererkennungseffekt
- Marken als Basis der Werbung

Es werden folgende **Formen von Markenstrategien** unterschieden:

- **Einzelmarkenstrategie**: Für jedes Produkt/jeden Markt werden eigene Marken geführt. Diese haben oft keinen Bezug zum Unternehmensnamen (bspw. Nutella und Hanuta als Marken von Ferrero). *Vorteil*: Unabhängigkeit der Marken (zur Differenzierung hoher/niedriger Preise oder Qualität). *Nachteil*: Kosten zur Herausbildung der verschiedenen Marken.

- **Mehrmarkenstrategie**: Dabei werden in einem Markt zwei oder mehr Marken konkurrierend geführt (bspw. Seat und Skoda im VW-Konzern). *Vorteile*: interne Konkurrenz, bessere Marktabschöpfung, hohe Markteintrittsbarrieren für Konkurrenzmarken. *Nachteile*: gegenseitige Kannibalisierung (Investitionen in eine Marke gehen zu Lasten einer anderen Marke und nicht der Konkurrenz), Synergieeffekte werden nicht oder weniger genutzt.

- **Markenfamilienstrategie**: Hier werden einheitliche Marken für unterschiedliche Märkte/Produkte genutzt (bspw. Nivea als Markennamen für viele unterschiedliche Produkte). *Vorteile*: geringere Kosten für neue Produkte gegenüber einer Einzelmarkenstrategie, bekannte Marken erhöhen den Umsatz für neue Produkte innerhalb der Markenfamilie. *Nachteile*: negative Schlagzeilen eines Produktes treffen auch die anderen Produkte der Markenfamilie, es kann nicht so leicht differenziert werden (hoher/niedriger Preis etc.).

- **Dachmarkenstrategie**: In diesem Fall werden alle Marken eines Unternehmens unter einer Marke zusammengefasst (bspw. Ferrero). *Vor- und Nachteile* wie bei Markenfamilienstrategie.

### Kennzeichen eines Markennamens

Folgende Kennzeichen sollte ein Markenname erfüllen:

- deutlicher Unterschied zu Konkurrenzmarken/sonstigen Marken
- Schutzfähigkeit durch gewerbliche Schutzrechte
- attraktiv, einprägsam sowie gute Aussprachemöglichkeit in möglichst vielen Ländern
- internationale Nutzbarkeit
- Bedeutung der Marke aus Sicht der Kunden

## Schutz von Marken u. geschäftl. Bezeichnungen

Eine **Marke** ist die geschützte Bezeichnung von Produkten, Dienstleistungen und Unternehmen. Zu unterscheiden sind dabei:

- Wort-Marken: Hier wird die Bezeichnung durch ein Wort geschützt.
- Wort-Bild-Marke: Bestimmte Wörter/Buchstaben/Ziffern werden in Verbindung mit einer grafischen Abbildung geschützt.

Die konkreten Regelungen finden sich im Gesetz über den Schutz von Marken und sonstigen Kennzeichen (Markengesetz – MarkenG). Nach § 1 MarkenG werden Marken, geschäftliche Bezeichnungen und geografische Herkunftsangaben geschützt.

§ 3 (1) MarkenG: »Als **Marke** können Zeichen, insbesondere Wörter einschließlich Personennamen, Abbildungen, Buchstaben, Zahlen, Hörzeichen, dreidimensionale Gestaltungen einschließlich der Form einer Ware oder ihrer Verpackung sowie sonstige Aufmachungen einschließlich Farben und Farbzusammenstellungen geschützt werden, die geeignet sind, Waren oder Dienstleistungen eines Unternehmens von denjenigen anderer Unternehmen zu unterscheiden.«

## Anmeldung von Marken

Zunächst sollte geprüft werden, ob es ähnliche, ältere Markenrechte gibt, die einer Anmeldung entgegenstehen. Eine **Anmeldung von Marken** kann dann auf folgenden Ebenen erfolgen:

- Auf nationaler Ebene erfolgt die Anmeldung beim Deutschen Patentamt in München (DPMA).
- Zumeist ist jedoch eine Ausdehnung auf alle Länder innerhalb der EU (noch 28 Länder) durch die gemeinsame **Unionsmarke** sinnvoll. Hierfür ist eine Eintragung beim Amt der Europäischen Union für Geistiges Eigentum (**EUIPO**) in Alicante (Spanien) notwendig. Eine Ausdehnung auf weitere Länder kann durch eine internationale Marke (IR) erfolgen. Dies betrifft bspw. auch die Schweiz.

Durch die kostenpflichtige Anmeldung und Eintragung einer Marke ins Markenregister erhält der Inhaber Anspruch auf Unterlassung der Nutzung durch andere Unternehmen. Zudem erhält er ggf. Schadensersatzanspruch und das Anrecht auf die Vernichtung widerrechtlich mit der Marke gekennzeichneter Gegenstände.

Die Schutzdauer der Unionsmarke beträgt 10 Jahre und kann unbegrenzt verlängert werden. Zu bedenken ist auch die **Verfahrensdauer**, die 6, 12 oder mehr Monate dauern kann. Unberechtigte Nutzer von eingetragenen Marken können abgemahnt werden. Hierzu ist eine ständige Prüfung nötig, ob die Marke widerrechtlich genutzt wird.

### 8.3.6 Servicepolitik

Ein wesentlicher Aspekt der Produktpolitik ist die Servicepolitik. Diese Zusatzleistungen sind bisweilen wichtig, um Neukunden zu gewinnen oder bestehende Kunden halten zu können. Es wird unterschieden zwischen Serviceleistungen:

- vor der Nutzung: Beratung, Planung (bspw. Küchen)
- während des Nutzungszeitraums: Wartung, Hotline etc.
- nach dem Ende der Nutzung: bspw. Entsorgung

Es gibt zahlreiche Gründe und damit auch Vorteile, eine **kundenorientierte Servicepolitik** zu betreiben:

- Neukundengewinnung, Bestandskunden halten
- Imagesteigerung
- die Kunden wünschen verstärkt Problemlösungen und nicht nur Produkte
- zunehmendem Wettbewerbsdruck kann durch bessere Serviceleistungen begegnet werden bzw. Schaffung von Wettbewerbsvorteilen gegenüber der Konkurrenz

### Serviceangebote

Zu den Serviceangeboten zählen:

- **Garantie:** Neben der gesetzlich vorgeschriebenen **Gewährleistung** kann der Unternehmer eine freiwillige Garantie anbieten.
- **Hotline** (Telefon/Internetchat): persönlicher Ansprechpartner für Kundenfragen.
- **Kundendienst:** Ein eigener Kundendienst (oder von Subunternehmen) löst Probleme beim Kunden vor Ort bzw. unterstützt diese. Es wird zwischen **technischem** (bspw. Beratung, Ersatzteile vorhalten) und **kaufmännischem Kundendienst** (bspw. Unterstützung des Kunden bei Projektkalkulation und Finanzierung) unterschieden.
- **Ersatzteillieferungen:** Möglichst zeitnahe Ersatzteillieferungen machen das Produkt nicht nur für gewerbliche Kunden wesentlich attraktiver.
- **Schulungen:** Die Mitarbeiter der Kunden werden an den Geräten durch unsere Schulungsabteilung oder durch von uns beauftragte Bildungsträger geschult.
- **Wartungsarbeiten:** Zusicherung freiwilliger zusätzlicher kostenfreier Wartungsarbeiten.
- **Lieferungen zur Probe:** Der Endverbraucher kann die Ware vor dem endgültigen Kauf ausprobieren.
- **Hilfe bei der Warenpräsentation:** Dem Handel werden Vorschläge zur besseren Präsentation der Waren (bspw. Schaufenster) gegeben.

Grundsätzlich muss hier danach unterschieden werden, ob es um Serviceangebote für den Handel oder für Endverbraucher geht.

Zu den **Entscheidungskriterien** bei der Auswahl und Implementierung (= Umsetzung) der Serviceangebote zählen bspw. Kosten, Qualität, Zeitumfang, Mengen und Region.

## 8.4 Distributionspolitik

### 8.4.1 Grundlagen

Die Distributionspolitik beschäftigt sich mit dem konkreten Absatz der Güter. Eine wichtige Unterscheidung ist hinsichtlich der Absatzwege zu treffen. Dabei wird zwischen direkten und indirekten Absatzwegen unterschieden:

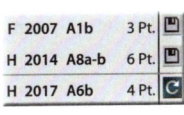

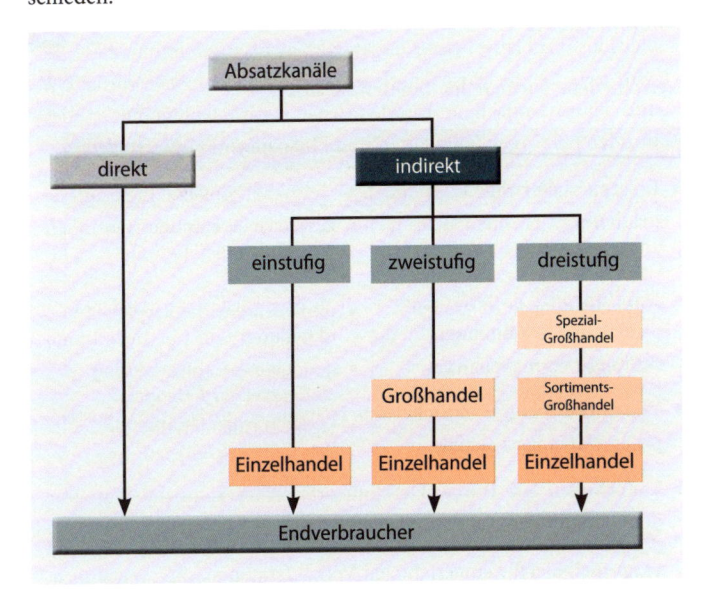

| F 2007 | A1b | 3 Pt. |
| H 2014 | A8a-b | 6 Pt. |
| H 2017 | A6b | 4 Pt. |

```
                    Absatzkanäle
                   /            \
              direkt           indirekt
                              /    |    \
                      einstufig zweistufig dreistufig
                                              Spezial-
                                              Großhandel
                                    Großhandel Sortiments-
                                              Großhandel
                      Einzelhandel Einzelhandel Einzelhandel
                   \      |           |            /
                              Endverbraucher
```

Bei **direktem Absatz** verkauft der Hersteller seine Güter direkt an den Endverbraucher. Beim **indirekten Absatz** werden verschiedene Zwischenstufen (insbesondere der Handel) eingeschaltet.

Zu den **Zielen** der Distributionslogistik zählen: (1) Bestimmung der optimalen Absatzwege und -organe, (2) Minimierung der damit verbundenen Kosten und (3) Sicherung der Lieferbereitschaft.

## 8.4.2 Absatzwege

**Akquisitorische & physische Distribution**

- Bei der **akquisitorischen Distribution** geht es um die Absatzwege und Vertriebssysteme, also wie Kunden gewonnen werden.

- Die **physische Distribution** (Absatzlogistik) beschäftigt sich mit dem wirklichen Warentransport zum Kunden (Teil der Logistik).

**Direkter Absatz**

Verschiedene Formen des direkten Absatzes:

F 2010 A9d 4 Pt.
F 2017 A3c 4 Pt.

| direkter Absatz | |
|---|---|
| **Vorteile** | **Nachteile** |
| • durch die Ausschaltung des Handels geringere Kosten (Wegfall der Handelsspanne) | • zusätzliche Vertriebskosten (insbesondere höhere Fixkosten) |
| • direkter Kontakt zu Kunden fördert Kundenbindung | • die Reichweite des Vertriebes ist geringer |
| • direkte Informationen von Kunden können gesammelt werden | • geringere Verkaufserfahrung als der etablierte Handel |
| • keine Abhängigkeit vom Handel | • Sortimentsbildung des Handels fördert den Absatz, was hier entfällt |

- **Werksverkauf**: Der Hersteller verkauft seine Waren direkt ab Werk in speziell hierfür eingerichteten Verkaufsräumen.

- **Vertriebsmitarbeiter (Handelsreisender)**: Außendienstmitarbeiter verkaufen die Waren an die Kunden vor Ort.

- **Versandhandel**: Die Waren werden über den traditionellen Versandhandel vertrieben.

- **Internethandel**: Die Waren werden direkt über eine Online-Plattform vertrieben.

- **Messehandel**: Verkauf der Waren auf Messen.

## Indirekter Absatz

Zu den verschiedenen Formen des indirekten Absatzes zählen:

- **Einzelhandel und Großhandel**: Traditionell kauft der Handel die Waren an und verkauft sie selbstständig in eigenem Namen und auf eigene Rechnung.
- **Vertragshändler**: Hier handelt es sich um rechtlich selbstständige Unternehmen, die jedoch per Vertrag eng an den Hersteller gebunden sind (bspw. Automobil-Vertragshändler).
- **Franchisenehmer**: Sie betreiben selbstständig und auf eigenes Risiko ein Unternehmen, dessen Konzept und Marketingstrategie vom Franchisegeber gegen Entgelt übernommen werden. Somit sind sie wirtschaftlich sehr abhängig.

| Franchising aus Sicht des Franchisegebers ||
|---|---|
| **Vorteile** | **Nachteile** |
| • schnellere Expansion möglich<br>• einheitlicher Marktauftritt<br>• geringerer Kapitalbedarf | • Kontrollen notwendig<br>• ggf. Imageschaden<br>• Abhängigkeit |

| Franchising aus Sicht des Franchisenehmers ||
|---|---|
| **Vorteile** | **Nachteile** |
| • Imageübernahme<br>• kein komplettes Geschäftskonzept erforderlich<br>• schnell umsetzbar | • Abhängigkeit<br>• geringere Flexibilität<br>• Imageschaden durch Fehler anderer |

- **Kommissionäre**: Diese handeln in eigenem Namen auf fremde Rechnung.
- **Handelsvertreter**: Diese vermitteln Vertragsabschlüsse auf fremden Namen und fremder Rechnung.

## Multi-Channel-Sale

Hierbei werden die Produkte über mehrere Absatzwege gleichzeitig verkauft (bspw. Einzel-/Großhandel, Handelsvertreter).

| Multi-Channel-Sale | |
|---|---|
| **Vorteile** | **Nachteile** |
| • größere Zielgruppe erreichbar<br>• unterschiedliche Zielgruppen können angesprochen werden<br>• Konkurrenz der Vertriebskanäle fördert die Leistung<br>• Neuerungen können zunächst auf bestimmten Kanälen getestet werden<br>• Abschöpfen der Konsumentenrente | • bisweilen schwierige Abstimmung<br>• klarer Fokus fehlt<br>• Kannibalisierungseffekt der verschiedenen Kanäle<br>• möglicherweise Imageverlust<br>• Rosinenpicken bei denjenigen, die Provision erhalten (bspw. Handelsvertreter) |

### 8.4.3 Absatzorgane

**Formen der Vertriebsorganisation**

In diesem Abschnitt werden verschiedene Formen der Gestaltung der Aufbauorganisation des Vertriebs vorgestellt. [H 2012 A6a-b 7 Pt.]

- Einteilung nach **Produkten/Produktgruppen (produktorientiert)**: PKW, LKW usw.

- Eine **Regionalorganisation (gebietsorientiert)** ist räumlich bzw. geografisch gegliedert (siehe Abbildung unten).

- **Funktionsbereiche des Vertriebs (funktionsorientiert)**: Gliederung des Vertriebs nach Verrichtungen, die zusammengefasst werden, bspw. Werbung, Vertriebscontrolling, Produktpräsentation in Verkaufsräumen, Außendienst, Service und Auslieferung.

- Es kann nach **Kundengruppen (kundenorientiert)** geordnet werden (bspw. Privat-/Geschäftskunden, Key-Account-Management).

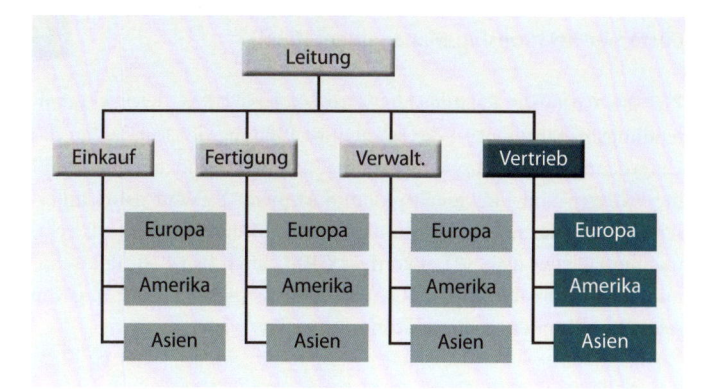

```
                    Leitung
        ┌──────┬──────┴──────┬──────┐
     Einkauf  Fertigung   Verwalt. Vertrieb
        │       │            │       │
     Europa   Europa      Europa  Europa
     Amerika  Amerika     Amerika Amerika
      Asien    Asien       Asien   Asien
```

**Nachteil**: Durch den Fokus auf eine Form werden jeweils die anderen Aspekte zu wenig berücksichtigt.

## Matrixorganisation

| Matrixorganisation | |
|---|---|
| **Vorteile** | **Nachteile** |
| • flachere Hierarchien<br>• kurze Informations- und Kommunikationswege<br>• Spezialisierung der Führungskräfte auf Funktionsbereiche/Produkte<br>• höhere Kompetenz der Führungskräfte | • Abstimmungsprobleme<br>• Kompetenzüberlagerung<br>• Konflikte<br>• Zeitaufwand der Koordination/Schlichtung |

## Stabliniensystem

- **Vorteile**: Entlastung der Instanzen, Expertenwissen der Stäbe, sorgfältigere Entscheidungsvorbereitung.

- **Nachteile**: inoffizielle Macht der Stäbe, Koordinationsprobleme zwischen Stäben u. Instanzen sowie Stäben/Mitarbeitern, Abstimmungsprobleme, Trägheit der Entscheidungsfindung, Konflikte.

### Customer-Relationship-Management (CRM)

Ziel des Customer-Relationship-Managements (CRM) bzw. Kundenbindungsmanagement ist die langfristige Bindung des Kunden an das Unternehmen durch bspw. Servicemaßnahmen, kundenorientiertem/ innovativem und individualisiertem Sortiment. Es wird dabei unterschieden zwischen: (1) **kommunikatives CRM** durch Internet, Direktmailing, Telefon usw., (2) **operatives CRM** durch bspw. Produktschulung und (3) **analytisches CRM** durch Erfassung u. Auswertung von relevanten Kunden- und Marktinformationen.

4 Stufen bzw. Aufgaben eines CRM-Systems:

1. **Interessenten** für unsere Produkte finden
2. Interessenten zu **Kunden** machen
3. Kunden zu **begeistern**
4. begeisterte Kunden zu **Stammkunden** machen

Zu den **Voraussetzungen der Einführung eines CRM** zählen:

- vollständige Kundenhistorie in einer Kundendatenbank mit Daten zu Kunden und Aufträgen
- alle Informationen aller Bestandskunden: Umsätze etc.
- Identifikation der Mitarbeiter mit dem CRM-System
- verwertbare Informationen für Kundenanalysen etc.

### Verkaufsorgane

- **unternehmenseigene Verkaufsorgane**: Verkauf Außendienst, Innendienst, Verkaufs- und Geschäftsleitung.
- **unternehmensfremde Verkaufsorgane**: Vertragshändler, Makler, Handelsvertreter, Kommissionäre, Franchisenehmer.

## Key-Account-Management

Das Key-Account-Management betreibt zur langfristigen Kundenbindung (oder Steigerung von Umsatz/Gewinn) eine intensive Betreuung von Großkunden/Schlüsselkunden – bspw. durch einen direkten Ansprechpartner, Unterstützung von Kunden bei internen Prozessen, Schaffung von Schnittstellen.

| Key-Account-Management ||
|---|---|
| **Vorteile** | **Nachteile** |
| • individuelle Kundenberatung schafft Wettbewerbsvorteile<br>• dauerhafte Zusammenarbeit mit Kunden auf Vertrauensbasis<br>• hohe Kundenbindung<br>• fester Kundenstamm | • sonstige Kunden fühlen sich ggf. benachteiligt<br>• starke Abhängigkeit von Mitarbeitern mit persönlichem Kontakt zu den Großkunden<br>• Sonderkonditionen der Großkunden senken Rendite<br>• stärkere Abhängigkeit von wenigen Großkunden |

## Handelsvertreter

Zu den Vor- und Nachteilen zählen:

| Handelsvertreter ||
|---|---|
| **Vorteile** | **Nachteile** |
| • Zugriff auf bestehenden Kundenkreis des Handelsvertreters<br>• Zugriff auf Branchen-Know-how des Handelsvertreters<br>• zu Beginn eines Produktlebenszyklus sind Handelsvertreter günstiger<br>• es entstehen keine Fixkosten<br>• im Ausland: kein eigenes Distributionssystem erforderlich, keine Sprachbarrieren, Akzeptanz, Kundennähe, -stamm | • geringere Produktkenntnisse oder hoher Schulungsbedarf<br>• sind selbstständig und daher nicht weisungsgebunden<br>• bei hohen Umsätzen hohe variable Kosten<br>• Konkurrenz zu internen Vertriebsmitarbeitern<br>• bevorzugen Absatz von Produkten mit hoher Provision |

## Handelsreisender vs. Handelsvertreter

In IHK-Prüfungen wird gerne der Unterschied zwischen Handelsreisenden u. Handelsvertretern abgefragt: F 2012 A4a 4 Pt.

| Kriterium | Handelsreisender | Handelsvertreter |
|---|---|---|
| Stellung zum Hersteller | intern: angestellter Mitarbeiter | extern: selbstständiger Unternehmer |
| Arbeitsrecht | als Angestellter mit allen Rechten & Pflichten eines Arbeitsvertrags gebunden | selbstständig und daher keine arbeitsrechtliche Basis, Vertragsauflösung ist einfacher |
| Spezialisierung | verkauft nur die Produkte des Herstellers und daher loyaler | verkauft Produkte verschiedener Hersteller, bessere Marktkenntnisse |
| Weisungsgebundenheit | ist weisungsgebunden | als Selbstständiger nicht weisungsgebunden |
| Motivation | für gewöhnlich geringer | höher, Ausnahme bei Umsatzflauten |
| Entlohnung | fixes Gehalt (hohe Fixkosten) + Umsatzprovision | lediglich (höhere) Umsatzprovision (hohe variable Kosten) |
| Kosten: Vor-/Nachteile | Vorteil bei hohen Umsätzen, da geringe Provision. Nachteil bei geringen Umsätzen, da trotzdem das Fixum zu bezahlen ist. | Vorteil bei geringen Umsätzen, da kein Fixum zu zahlen ist. Nachteil bei hohen Umsätzen, da eine hohe Provision anfällt. |
| Mögliche Konflikte | <ul><li>allgemeine Konkurrenzsituation</li><li>Fokus auf Großkunden bei Handelsvertretern</li><li>unterschiedliche Provisionssätze</li><li>Rosinenpicken bei den Produkten</li><li>geringere Loyalität bei Handelsvertretern</li><li>Know-how-Abfluss bei Handelsvertretern</li></ul> | |

Fallbeispiele | Kapitel 8: Absatz-, Materialwirtschaft & Logistik

## Fall 8.1 — Handelsreisender/-vertreter — Form./Abb.

**Angaben:**

- Handelsreisender: Gehalt = 3.000 €/Monat, 3 % Umsatzprov.
- Handelsvertreter: 5,5 % Umsatzprovision
- erwarteter durchschnittlicher Umsatz pro Monat = 100 T€

**Aufgaben:**

a) Berechnen Sie für beide die monatlichen Kosten.
b) Ermitteln Sie den monatlichen Umsatz, bei dem die Kosten gleich groß sind.

**Lösungen:**

a) Handelsreisender = 3.000 € + 0,03 · 100.000 € = 6.000 €

Handelsvertreter = 0,055 · 100.000 € = 5.500 €

Folglich ist der Handelsvertreter in diesem Fall günstiger!

b) 3.000 € + 0,03 · U = 0,055 · U

⟷ 3.000 € = 0,055 · U - 0,03 · U

⟷ 0,025 · U = 3.000 € → U = 120.000 €

Folglich sind die Kosten bei 120.000 € gleich!

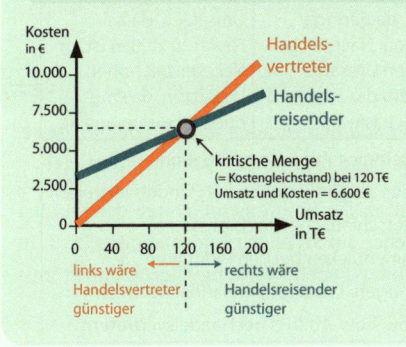

Kosten in €; Handelsvertreter; Handelsreisender; kritische Menge (= Kostengleichstand) bei 120 T€ Umsatz und Kosten = 6.600 €; Umsatz in T€; links wäre Handelsvertreter günstiger; rechts wäre Handelsreisender günstiger

## 8.5 Kommunikationspolitik

### 8.5.1 Grundlagen

### 8.5.2 Aufgaben und Ziele

**Ziel der Kommunikationspolitik**

Die Kommunikationspolitik beschäftigt sich mit dem Auftritt des Unternehmens nach außen. Dabei werden sehr unterschiedliche Mittel eingesetzt: Neben der klassischen Werbung oder Öffentlichkeitsarbeit sind auch Formen der Verkaufsförderung denkbar.

Ziel ist allgemein das Unternehmen nach außen so zu präsentieren, dass die allgemeinen Unternehmensziele (Umsatz, Gewinn) erreicht werden.

**Image**

Image ist das subjektive Bild, das sich in der Öffentlichkeit und bei den Kunden vom Unternehmen und dessen Produkten bildet. Es prägt das Kaufverhalten der Kunden und wirkt langfristig. Ein gutes Image rechtfertigt eher höhere Preise und steigert daher die Rendite.

### 8.5.3 Methoden

#### 8.5.3.1 Werbung

- **Informationswerbung**: Sie soll den Kunden über Produkte, Preise, Neuerungen, Eigenschaften und Qualitätsmerkmale informieren.
- **Suggestivwerbung**: Sie ist an die Emotionen/Gefühle der Kunden gerichtet und verzichtet eher auf sachliche Informationen, z. B. in Form der Assoziations- oder Leitbildwerbung (Bezug auf Prominente).

Es dürfte klar sein, dass die Form der Werbung sehr stark davon abhängt, um welchen Bereich des Marketings es sich handelt.

## Werbung im Konsum-/Investitionsgütermarketing

Zu den möglichen Instrumenten der Werbung werden gerechnet:

- Inserate in Publikums-/Fachzeitschriften
- Infostände auf Besucher-/Fachmessen, interne Messen für das Fachpublikum
- Anschreiben/E-Mail an Bestandskunden/Newsletter
- Kino, Radio & Fernsehen nur im Konsumgütermarketing
- Internetwerbung (Webseite, Links etc.)

## Werbegrundsätze

Zu den Grundsätzen der Werbung (sollten) zählen:

- **Klarheit**: Werbung sollte klar und verständlich sein, nur so kann ihre Aussage überzeugen und zum Kauf anregen.
- **Wahrheit**: Langfristiger Erfolg basiert auf Vertrauen der Kunden, und dieses kann nur durch wahre Werbeaussagen erreicht werden.
- **Wirksamkeit**: Werbung muss zum dauerhaften Kauf anregen. Daher muss sie einprägsam, von anderen Unternehmen abhebend, mit einem Erinnerungswert und stetig wiederholend sein.
- **Wirtschaftlichkeit**: Die Kosten der Werbekampagnen müssen im angemessenen Verhältnis zum Werbeerfolg liegen (ökonomisches Prinzip).
- **soziale und ökologische Verantwortung**: In zunehmendem Maße muss die Werbung der gesellschaftlichen Verankerung des Unternehmens Rechnung tragen, um dauerhaft glaubwürdig zu bleiben.

## Werbeplanung

Eine erfolgreiche Werbekampagne muss zuvor ordentlich geplant werden. Externe Dienstleister (bspw. Marktforschungsinstitute, Unternehmensberater) und interne Stellen/Abteilungen (bspw. Produkt-, Key-Account-Manager) können hierbei dienen. Zu den wesentlichen Elementen eines Werbeplans zählen:

- **Werbeziel**: Produkteinführung, Gewinnung neuer Kunden, Umsatzsteigerung, Erhaltung des Kundenstamms usw.
- **Werbeobjekt**: ein Produkt, eine Produktgruppe oder das gesamte Sortiment.
- **Zielgruppe** bzw. **Streukreis**: Großhändler, Einzelhändler, Endverbraucher, Singlehaushalte, Familien.
- **Werbebotschaft/-inhalt**: Welche Aussage soll verbreitet werden? Ist das Produkt gesund, modisch, innovativ usw.?
- **Werbeträger**: Zeitung, Zeitschriften, Internet, Fernsehen, Radio, Litfaßsäulen usw. **Werbemittel**: Inserate, Weblinks, Fernsehspots, Plakate usw.
- **Werbegebiet**: Europa, Deutschland, Bayern, Regierungsbezirk Schwaben, Landkreis Oberallgäu, Marktgemeinde Oberstdorf usw.
- **Werbezeit**: Zeitraum der Werbung sowie Tageszeiten.
- **Werbeetat**: in Abhängigkeit vom Produktlebenszyklus

## Werbeträger vs. Werbemittel

Die jeweiligen Medien zur Vermittlung der Werbebotschaften werden als Werbeträger bezeichnet. Die darin genutzte Form der Darstellung nennt man Werbemittel.

| Werbeträger | Werbemittel |
|---|---|
| Zeitung, (Fach-) Zeitschriften | Inserate, Anzeigen |
| Fernsehen, Radio, Kino | Fernseh-, Radio-, Kinospots |
| Plakatwände, Litfaßsäulen | Plakate |
| Internet | Weblinks, Anzeigen |
| Verkaufsverpackungen | Werbeaufdruck |
| Fahrzeuge (Busse, Bahn …) | Werbebeschriftungen |
| Gebäude | Werbebeschriftungen |
| Verkaufswerbung am Point of Sale | Display, Plakate, Poster, Visitenkarten, Verkaufsgespräche |

Der Einsatz der Werbeträger und -mittel ist stark vom jeweiligen Produkt und vom Markt abhängig. Insbesondere die Kosten und der Streukreis der Werbung sind zu berücksichtigen. So sind bspw. Fernsehspots sehr teuer, sprechen viele Menschen an, haben aber eine breite Streuung.

Zudem ist von Bedeutung, inwiefern der mögliche Kunde die Werbung wahrnehmen kann oder eher ignorieren wird (so besteht bei Fernsehwerbung die Gefahr des »wegzappens«).

Zum **Vergleich verschiedener Werbeträger** kann bspw. ein **Tausend-Kontakt-Preis** berechnet werden:

| ■ Ziel: Berechnung des Tausend-Kontakt-Preises | | | Ergebnis |
|---|---|---|---|
| Nr. | Werbeträger | Nettoreichweite | Gesamtpreis | Tausend-Kontakt-Preis |
| 1 | Fachzeitschrift | 50.000 | 10.000 | 200 € |
| 2 | Kino | 150.000 | 24.000 | 160 € |
| 3 | Radio | 200.000 | 50.000 | 250 € |
| 4 | Tageszeitung | 100.000 | 18.000 | 180 € |
| 5 | Werbebroschüren | 80.000 | 12.000 | 150 € |

Folgende Begriffe sind hierbei von Bedeutung:

- **Bruttoreichweite**: Sie misst die Anzahl der Kontakte auch bei mehreren Ausgaben. Somit erhält man Doppelzählungen, wenn eine Person doppelt oder mehrfach erreicht wird.

- **Nettoreichweite:** Sie misst die tatsächliche Anzahl verschiedener Personen, die erreicht wurden. Somit ist diese Größe die relevante Entscheidungsgröße.

- Der **Tausend-Kontakt-Preis** ermittelt sich durch eine Division des Gesamtpreises mit der Nettoreichweite und anschließender Multiplikation mit 1.000.

- In unserem Fall liegen Werbebroschüren vorne, da sie das günstigste Ergebnis liefern. Trotzdem könnten bspw. Fachzeitschriften **vorzuziehen** sein, wenn hier a) ein kleinerer Streuverlust erzielt wird, b) eher die gewünschten Zielgruppen erreicht werden oder c) eine bessere Orientierung am Image des Unternehmens erfolgt.

## 8.5.3.2 Verkaufsförderung

Als verkaufsfördernde Maßnahmen gelten alle die Werbung unterstützenden Maßnahmen zur Steigerung des Absatzes. Hierzu zählen bspw.:

| F 2014 A5 | 4 Pt. |
| F 2018 A9 | 4 Pt. |

- **Produktvorführungen:** Prototypen, Probierportionen in Supermärkten, spezielle Sonderverpackungen.

- **Messen:** Fachmessen, Frühjahrs-/Herbstmessen.

- **Händlerpromotion:** Werbematerialien für den Handel, Verkaufsschulungen der Handelsmitarbeiter, Sonderrabatte.

- **Außendienstpromotion:** Handelsreisende, Handelsvertreter, Kommissionäre schulen, unterstützen etc.

## 8.5.3.3 Public Relation

Die Öffentlichkeitsarbeit (Public Relations) beschäftigt sich mit dem Aufbau und der Pflege der Beziehungen zur Öffentlichkeit. Dabei geht es um Informationen für die Öffentlichkeit und um einen Dialog mit dieser. Ziel ist dabei der Aufbau von Verständnis und Vertrauen, was den Unternehmenserfolg nachhaltig fördert. Zu bedenken ist jedoch, dass dies ein langwieriger Prozess ist und durch einzelne Skandale ruiniert werden kann.

Grundsätzlich muss dabei zwischen internen (Mitarbeiter und deren Familienangehörige) und externen Zielgruppen (Öffentlichkeit, Presse, Politiker, Verbände, Behörden, Kunden, Lieferanten, Banken, Aktionäre) unterschieden werden.

Zu den **Maßnahmen des Public Relations** zählen:

- **Pressearbeit**: Pressekonferenzen/-mitteilungen, Infobroschüren, Geschäftsberichte.
- **persönlicher Dialog**: Pflege der Beziehungen zu Journalisten, Politkern, Verbänden, Aktivisten usw. (Lobbyarbeit).
- **bestimmte Zielgruppen ansprechen**: Betriebsbesichtigungen für bspw. Schulen, Förderung von Kultur, Ausschreibung von Preisen und Stiftungen.
- **Inserate**: Anzeigen zur Einstellung zur Umwelt etc.
- **Tag der offenen Tür** für Mitarbeiter und die Allgemeinheit.

### Sponsoring

Sponsoring steht für die Förderung einzelner Personen, bestimmter Organisationen, Vereine, Veranstaltungen oder Aktionen im Bereich des Sports, der Kultur oder der Ökologie durch finanzielle Zuwendungen oder aber auch durch Sachleistungen. Man spricht hier gerne von einer Win-win-Situation für beide Seiten: Der Gesponsorte erhält (finanzielle) Zuwendungen und der Sponsor kann dafür sein Image verbessern bzw. eine alternative, weniger direkte und aufdringliche Form der Werbung betreiben.

Zu den Vor- und Nachteilen bzw. Chancen/Risiken aus Sicht des Sponsors vgl. die folgende Tabelle:

| Sponsoring ||
|---|---|
| Vorteile/Chancen | Nachteile/Risiken |
| • Imagesteigerung<br>• Bekanntheitsgrad steigt<br>• neue Zielgruppen erschließen<br>• größere Medienpräsenz<br>• Zunahme der Kundenzufriedenheit<br>• langfristige Kundenbindung<br>• Mitarbeitermotivation steigt | • hohe Kosten<br>• Erfolgsbeurteilung nur schwer möglich<br>• evtl. wird Sponsor nicht erkannt<br>• bei Misserfolg des Gesponserten evtl. schlecht für das Image<br>• ggf. Schädigung des Rufs bei Fehlverhalten des Gesponserten (bspw. bei Doping) |

### 8.5.3.4 Persönlicher Verkauf

**Internetvertrieb**

Der Vertrieb via Internet bringt die folgenden Vor- und Nachteile:

| Direktvertrieb via Internet ||
|---|---|
| Vorteile | Nachteile |
| • zeitgemäß<br>• Kundenkreis kann erweitert werden<br>• steigende Umsätze<br>• jüngere Käuferschaft für die Zukunft des Unternehmens<br>• schnelle Abwicklung | • notwendige Kapazitäten<br>• interne Konkurrenz/Kannibalisierungseffekt<br>• keine nachhaltigen Kundenbeziehungen<br>• keine direkte Warenpräsenz<br>• höhere Retourenquoten<br>• mehr Zahlungsausfälle<br>• hohe Versandkosten |

Der persönliche Verkauf kann telefonisch, per E-Mail/EDV oder vor Ort erfolgen.

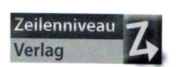

## 8.6 Beschaffungslogistik

### 8.6.1 Ziele und Bereiche der Logistik

**Ziele und Definition der Logistik**

Die Logistik beschäftigt sich mit der optimalen Gestaltung des Material-, Waren- und Informationsflusses im und außerhalb des Unternehmens. Demnach muss die Logistik die folgenden sechs **Ziele** bzw. **Anforderungen** erfüllen:

- die richtigen Güter, Waren oder Informationen,
- in der richtigen Menge,
- in der richtigen Qualität,
- am richtigen Ort, zur richtigen Zeit und
- zu den richtigen Kosten bereitstellen.

**Ziele der Logistikprozesse und Zielkonflikte**

- Reduzierung der Lagerkosten u. Verkürzung der Durchlaufzeiten
- Optimierung der internen/externen Güterflussprozesse
- zeitgenaue Lieferung: »just in time« und »just in sequence«

Verknüpfung verschiedener Subsysteme – Lieferanten, etc.

Wo es mehrere Ziele gibt, kommt es zumeist zu Zielkonflikten, da sich nur selten/nie alle Ziele gleichzeitig verwirklichen lassen:

- Es ergeben sich **Zielkonflikte** zwischen Logistik und anderen Funktionsbereichen: So führt eine Senkung der Lagerkosten durch »just in time« ggf. zu einer geringeren Verfügbarkeit in der Fertigung. Auch innerhalb der Logistik sind Zielkonflikte denkbar.
- **Beschaffung**: Hier sollten möglichst große Mengen geordert werden, um die Beschaffungskosten durch die Ausnutzung von Men-

genrabatten sowie günstigeren Bestell- und Anlieferungskosten zu senken.

- **Lagerhaltung:** Hier gilt das exakte Gegenteil. Je größer die einzelnen Beschaffungsmengen sind, umso höher werden die Lagerhaltungskosten.

- **Fertigung:** Zur Aufrechterhaltung der Produktion wären große Lager wünschenswert, um auch bei unvorhersehbaren Entwicklungen fertigungsfähig zu bleiben.

- **Finanzierung:** Höhere Bestell- und Lagermengen bedeuten auch höhere Kosten der Finanzierung, da diese Mengen zwischenfinanziert werden müssen. Damit steigen insbesondere die Lagerzinsen.

### Hauptbereiche der Logistik

- **Beschaffungslogistik:** Hier geht es um den Fluss des Materials/der Waren vom Lieferanten zum Lager *(Kapitel 8.6)*.

- **Fertigungslogistik (Produktionslogistik):** Das Material und die Waren müssen den einzelnen Produktionsschritten zugewiesen werden sowie zwischen diesen transportiert werden *(Kapitel 8.7)*.

- **Distributionslogistik (Absatzlogistik):** Die Fertigprodukte müssen zum Kunden gebracht werden *(Kapitel 8.8)*.

- **Entsorgungslogistik:** In Zeiten zunehmender Umweltverantwortung wird auch die Frage nach der optimalen Vermeidung, Entsorgung und des Recyclings von Abfällen wichtiger *(Kapitel 8.9)*.

Zudem gibt es noch die folgenden Anwendungsbereiche d. Logistik:

- **Transportlogistik:** Für die verschiedenen Bereiche der Logistik müssen Transportkapazitäten bereitgestellt werden müssen.

- **Lagerlogistik:** Sie beschäftigt sich mit dem Material- und Warenfluss innerhalb der Lager und zwischen den Lagern.

- **Informationslogistik:** Der Informationsfluss muss mithilfe der EDV gestaltet werden.

## TULK-Tätigkeiten

- **Transport**: Raumüberbrückung der Waren, Güter & Informationen mit Hilfe von Transportmitteln.
- **Umschlag**: Be-/Um-/Entladen von Transportmitteln.
- **Lagerhaltung**: Zwischenlagerung d. Vor-/Zwischen-/Endprodukte.
- **Kommissionierung & Verpackung**: Die Endprodukte werden in Form von einzelnen Aufträgen für den Abnehmer zusammengestellt (kommissioniert) und für den Transport verpackt.

| Bereiche | Transport | Umschlag | Lagerung | Kommissionierung |
|---|---|---|---|---|
| Beschaffungs-logistik | Anlieferung | LKW entladen | Einlagerung | findet beim Lieferanten statt |
| Produktions-logistik | Fließband | Fließbänder befüllen | Zwischenlager | Bauteile für Produkt bereitstellen |
| Distributions-logistik | Lieferung an Kunden | LKW beladen | Lager für Fertigprod. | Kundenaufträge zusammenstellen |
| Entsorgungs-logistik | mit LKW zur Deponie | LKW beladen | Zwischenlager | Abfälle zusammen entsorgen |

## Zuordnung der Logistik

Die BWL ist eine junge Wissenschaft und zudem einem ständigen Wandel (durch bspw. Globalisierung, neue Technologien, immer schnellere Produktzyklen) unterworfen. Das gilt gerade auch für den Bereich der Logistik. Dies hat zur Folge, dass auch die Begriffe Beschaffung, Logistik und Materialwirtschaft nicht so einheitlich und frei von Überschneidungen sind. So wird mal die Beschaffung, mal die Materialwirtschaft oder wie hier im Rahmenstoffplan des DIHK die Logistik als Oberbegriff der beiden anderen betrachtet.

Zur besseren Übersicht wird in diesem Fachbuch der folgende Ansatz gewählt:

# Kapitel 8: Absatz-, Materialwirtschaft & Logistik — Beschaffungslogistik

## Zuordnung der Logistik

**Input → Throughput → Output**

**Industriebetrieb**

- ❶ Material → Beschaffung
- ❷ Beschaffung → Lager → Fertigung (Beschaffungslogistik)
- ❸ Lieferantenmanagement
- ❹ Fertigung (Produktionslogistik)
- ❺ Fertigung → Lager → Absatz (Distributionslogistik)
- ❻ Absatz → Kunden
- ❼ Einkauf
- ❽ Entsorgungslogistik → Umwelt
- ❾ Personal, Kapital → Personal, Finanzen → Betriebsmittel

**Lieferanten & Märkte**

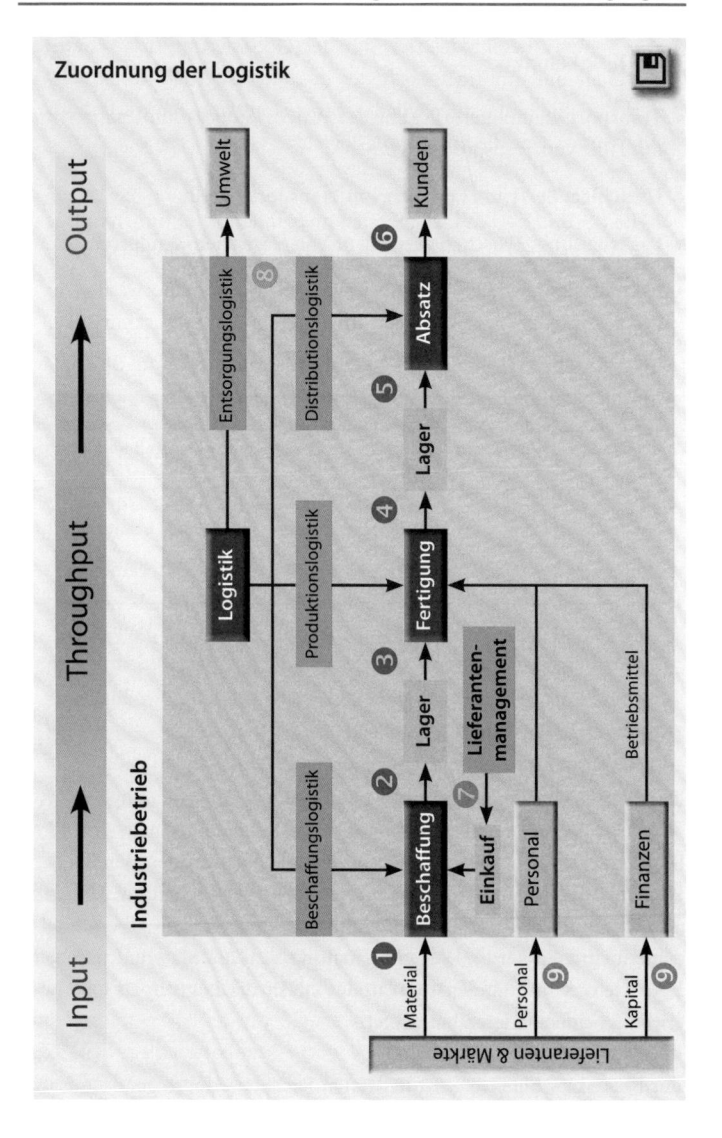

- Die Logistik beschäftigt sich mit der Optimierung des Waren-, Material- und Informationsflusses in- und außerhalb des Unternehmens. Sie umfasst die Glieder ❶ bis ❻ entlang der Wertschöpfungskette sowie die Entsorgungslogistik ❽.

- Das Supply-Chain-Management (SCM) ist bestrebt die logistische Kette (❶ bis ❻) vom Lieferanten zum Kunden zu optimieren. Der Fokus liegt dabei auf der Zusammenarbeit mit Lieferanten/Kunden in Form eines ganzheitlichen Ansatzes.

- Die **Beschaffung** hat für eine bedarfsgerechte Versorgung mit den betriebsnotwendigen Gütern zu sorgen. Dazu zählen die Beschaffungslogistik und der Einkauf (❶ und ❼). Sie hat eine gemeinsame Schnittmenge mit der Logistik (Beschaffungslogistik). Aber die Beschaffung ist mit dem Einkauf weiter als ihr logistischer Teil gefasst. Sie umfasst im weiteren Sinne auch die Beschaffung von Personal und Kapital (❾).

- Zudem ist die **Materialwirtschaft** eng mit den beiden Begriffen verbunden. Sie umfasst alle Tätigkeiten, um im Betrieb die benötigten Güter (Materialien) optimal bereitzustellen. Dazu zählt die Beschaffung (im engeren Sinne: ❶ und ❼), Teile der Logistik (❶ bis ❻) sowie die Lagerhaltung. Zudem kann auch noch die Produktionsplanung und -steuerung hinzugerechnet werden. Bisweilen wird diese Form als **voll integrierte Materialwirtschaft** bezeichnet.

### Ziele und Aufgaben des Einkaufs

Zu den **Aufgaben** des Einkaufs zählen u. a.: (1) Bestimmung möglicher Lieferanten, (2) Lieferantenbeurteilungen, (3) Lieferantenauswahl, (4) Anfragen, (5) Angebotsvergleich und (6) Vertragsverhandlungen. Dabei werden folgende **Ziele** des Einkaufs verfolgt: (1) Sicherung der Materialversorgung und dies (2) möglichst kostenoptimal. Mögliche **Maßnahmen zur Senkung der Kosten** im Einkauf: (1) günstigere Lieferanten auswählen, (2) neue Preisverhandlungen, (3) günstigere Materialien beschaffen oder (4) Mengenvorteile bei der Beschaffung größerer Mengen nutzen.

### Die 5 Schritte des Beschaffungsprozesses

1. **Bedarfsmengen** berechnen: Welche Materialien und welche Mengen werden davon jeweils benötigt *(Kapitel 8.6.2.4/5)*?

2. **Liefermengen** ermitteln: Welche Liefermengen sind zu wählen? Wenn die Bedarfsmengen pro Zeiteinheit berechnet wurden, sind die aus wirtschaftlicher Sicht optimalen Liefermengen zu bestimmen, um einen optimalen Kompromiss zwischen Lieferungs-/Beschaffungs- sowie Lagerhaltungskosten zu finden *(Kapitel 8.6.2.6)*.

3. **Lieferzeitpunkte** festlegen: Zu welchen Zeitpunkten bzw. in welchen Zeitintervallen sind die Liefermengen zu liefern *(Kapitel 8.6.2.6)*.

4. **Feinabruf** als fortgeschrittene Lösung *(Kapitel 8.6.2.6)*.

5. **Beschaffungsstrategie** auswählen: In Abhängigkeit vom Fertigungsverfahren stehen verschiedene grundlegende Beschaffungsstrategien zur Verfügung *(Kapitel 8.6.3)*.

### Exkurs: Stücklisten und Teileverwendungsnachweis

Zur Dokumentation der notwendigen Teile für Erzeugnisse werden verschiedene Listen erstellt (siehe folgendes Fallbeispiel):

- **Erzeugnisstrukturliste:** Ein **Gozintograph** bereitet grafisch auf, welche Teile und Baugruppen zur Herstellung von Baugruppen und Erzeugnissen notwendig sind. In einer **Strukturstückliste** wird dies tabellarisch dargestellt (mit einer Spalte je Ebene).

- **Mengenstückliste:** Sie erfasst tabellarisch die für ein Erzeugnis notwendige Anzahl aller **Teile**. Diese können auf verschiedenen Ebenen in Baugruppen in das Erzeugnis eingehen.

- **Baukastenstückliste:** Es wird die Anzahl aller Teile und Baugruppen aufgelistet, die in der letzten/obersten Stufe direkt in das Erzeugnis/die Baugruppe eingehen. Es werden dabei nicht die Teile/Baugruppen erfasst, die in vorherigen/niederen Stufen in die Baugruppen eingehen (*Fortsetzung S. 74 unten*).

Fallbeispiele  Kapitel 8: Absatz-, Materialwirtschaft & Logistik

## Fall 8.2 — Stücklisten — Abb./Tab.

Es ist die folgende **Erzeugnisstruktur** (Gozintograph) gegeben:

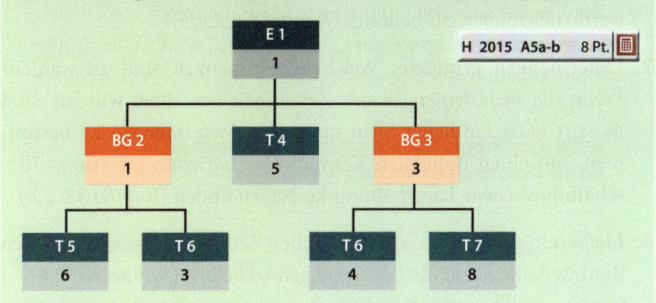

```
                    E 1
                     1
        ┌────────────┼────────────┐
      BG 2          T 4          BG 3
       1             5            3
     ┌──┴──┐                   ┌──┴──┐
    T 5   T 6                 T 6   T 7
     6     3                   4     8
```

H 2015  A5a-b  8 Pt.

### Aufgaben:

a) Leiten Sie eine dazugehörige **Strukturstückliste** ab.

b) Erstellen Sie eine dazugehörige **Mengenstückliste**.

c) Leiten Sie die **Baukastenstücklisten** E 1, BG 2 und BG 3 ab.

d) Erstellen Sie **Teileverwendungsnachweise** für T 4 bis T 7.

### Lösungen:

a) In **Strukturstücklisten** werden alle erforderlichen Teile und Baugruppen in der benötigten Stückzahl je Ebene aufgelistet:

| Ebene | | Bauteil | Stück |
|---|---|---|---|
| 1 | | BG 2 | 1 St. |
| | 2 | T5 | 6 St. |
| | 2 | T6 | 3 St. |
| 1 | | T4 | 5 St. |
| 1 | | BG 3 | 3 St. |
| | 2 | T6 | 4 St. |
| | 2 | T7 | 8 St. |

Kapitel 8: Absatz-, Materialwirtschaft & Logistik    Fallbeispiele

b) Dann wird die **Mengenstückliste** für E 1 ermittelt. Es werden die verschiedenen Stufen miteinander multipliziert. Zu bedenken ist, dass ein Teil (bspw. T 6) an mehreren Stellen auftauchen kann. **Bruttobedarf**: Anschließend erfolgt eine simple Multiplikation der Mengenstückliste mit dem Primärbedarf (hier jeweils × 15 St.).

| ■ | Stückliste | Berechnung | Bruttobedarf: E 1 |
|---|---|---|---|
| Nr. | a) für E 1 | je St. | b) × 15 St. |
| T 4 | 5 | = 1 × 5 | 75 |
| T 5 | 6 | = 1 × 6 | 90 |
| T 6 | 15 | = 1 × 3 + 3 × 4 | 225 |
| T 7 | 24 | = 3 × 8 | 360 |

c) In **Baukastenstücklisten** werden alle erforderlichen Teile und Baugruppen in der benötigten Stückzahl aufgelistet:

| E 1 | Stück |
|---|---|
| BG 2 | 1 |
| T 4 | 5 |
| BG 3 | 3 |

| BG 2 | Stück |
|---|---|
| T 5 | 6 |
| T 6 | 3 |

| BG 3 | Stück |
|---|---|
| T 6 | 4 |
| T 7 | 8 |

d) In **Teileverwendungsnachweisen** wird umgekehrt erfasst, in welchen Baugruppen u. Erzeugnissen die Teile verwendet werden.

| T 4 | Stück |
|---|---|
| E 1 | 5 |

| T 5 | Stück |
|---|---|
| BG 2 | 6 |

| T 6 | Stück |
|---|---|
| BG 2 | 3 |
| BG 3 | 4 |

| T 7 | Stück |
|---|---|
| BG 3 | 8 |

- **Teileverwendungsnachweis**: Dabei wird umgekehrt erfasst, in welchen Baugruppen u. Erzeugnissen die Teile verwendet werden.

- Zur **Erzeugnisdokumentation** dienen aber auch **Zeichnungen**.

## 8.6.2 Materialrechnung

### 8.6.2.1 Instrumente der Bestands- u. Bedarfsanalyse

Sofern die Frage nach der grundlegenden Beschaffungsstrategie beantwortet wurde, erfolgt die Ermittlung der notwendigen Teile und der hierfür erforderlichen Materialien. Zu diesem Zweck sollten die folgenden Begriffe bekannt sein:

- **Primärbedarf**: Menge des zu fertigenden Endprodukts.

- **Sekundärbedarf**: Menge der jeweils hierfür notwendigen Teile.

- **Tertiärbedarf**: Menge der hierfür erforderlichen Hilfs- und Betriebsstoffe. Der Tertiärbedarf ist für unsere nähere Betrachtung nicht weiter von Bedeutung.

### 8.6.2.2 ABC-Analyse

In jedem Unternehmen sind die finanziellen, organisatorischen, personellen u. technischen Kapazitäten begrenzt. Je größer die Anzahl der Artikel wird, umso stärker stößt man an die Grenzen dieser Kapazitäten. Daher gilt es hier Prioritäten zu setzen. Es sollen schwerpunktmäßig diejenigen Artikel beachtet werden, die einen hohen Wertanteil besitzen. Denn hier besteht das größte Einsparpotenzial. Die Mehrzahl der Artikel haben hingegen einen geringen Wertanteil und können daher eher vernachlässigt werden. Ziel der ABC-Analyse im Rahmen der Beschaffung ist die Einordnung aller Beschaffungsgüter nach deren wertmäßiger Bedeutung:

- **A-Artikel**: Hier handelt es sich um einen kleinen Anteil aller Artikel mit einem geringen Mengenanteil, aber einem hohen Wertanteil. Ihre Beschaffung steht im Vordergrund.

- **B-Artikel:** Hier handelt es sich um einen mittleren Anteil aller Artikel mit einem mittleren Mengenanteil sowie einem mittleren Wertanteil. Sie stehen zwischen den Stühlen A und C und können so oder so behandelt werden.

## Fall 8.3 — ABC-Analyse — Tab./Abb.

Dieses Fallbeispiel zeigt deutlich, dass die beiden ersten Artikel einen überragenden **Wertanteil** mit zusammen 70 % besitzen, obwohl ihr **Mengenanteil** mit zusammen 8,33 % eher bescheiden ist (= A-Artikel). Die letzten vier Artikel haben zusammen gerade mal einen Wertanteil von 6 %, der Mengenanteil ist aber mit 66,67 % sehr hoch. Die drei B-Artikel liegen dazwischen und können auch entsprechend so oder so behandelt werden.

| F | 2013 | A3b | 8 Pt. |
| H | 2016 | A4a | 9 Pt. |
| H | 2018 | A5b | 3 Pt. |

| Art.-Nr. | Preis | Menge | Wert | Anteil | kum. | Gruppe |
|---|---|---|---|---|---|---|
| B7-T4_01 | 800 | 125 | 100.000 | 40,00 % | 40,00 % | A |
| B7-T4_02 | 600 | 125 | 75.000 | 30,00 % | 70,00 % | A |
| B7-T4_03 | 100 | 250 | 25.000 | 10,00 % | 80,00 % | B |
| B7-T4_04 | 80 | 250 | 20.000 | 8,00 % | 88,00 % | B |
| B7-T4_05 | 60 | 250 | 15.000 | 6,00 % | 94,00 % | B |
| B7-T4_06 | 10 | 500 | 5.000 | 2,00 % | 96,00 % | C |
| B7-T4_07 | 8 | 500 | 4.000 | 1,60 % | 97,60 % | C |
| B7-T4_08 | 7 | 500 | 3.500 | 1,40 % | 99,00 % | C |
| B7-T4_09 | 5 | 500 | 2.500 | 1,00 % | 100,00 % | C |
| Σ | – | 3.000 | 250.000 | 100,00 % | – | – |

In der folgenden Abbildung werden die kumulierten Prozentsätze in Form einer **Lorenzkurve** dargestellt. Dabei werden die Artikel nach ihrem Wert sortiert – vom größten zum geringsten Wert.

**Tipps:**

(1) Die ABC-Analyse kann auch in anderen Bereichen verwendet werden, z. B. in der Lagerhaltung. (2) In Prüfungen müssen die Artikel zumeist zuerst dem Wert nach sortiert werden.

- **C-Artikel:** Hier handelt es sich um einen großen Anteil aller Artikel mit einem großen Mengenanteil, aber einem geringen Wertanteil. Für Ihre Beschaffung sollten wenige Ressourcen gebunden werden.

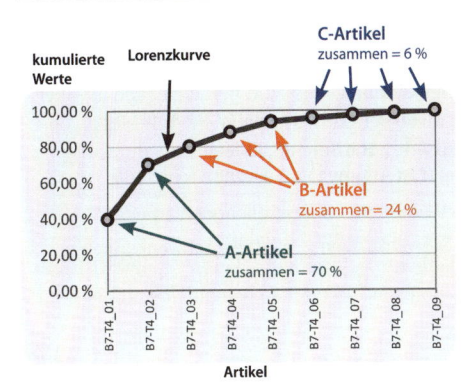

## 8.6.2.3 XYZ-Analyse

Die XYZ-Analyse ergänzt die ABC-Analyse. Hier werden die Artikel danach beurteilt, ob sie a) Verbrauchsschwankungen unterliegen und b) ihr Verbrauch prognostizierbar/planbar ist:

- **X-Artikel**: Sie unterliegen einem konstanten Verbrauch und sind gut planbar.
- **Y-Artikel**: Sie unterliegen einem mittelmäßig schwankenden Verbrauch und sind mittelprächtig vorhersehbar/planbar.
- **Z-Artikel**: Sie unterliegen einem stark schwankenden Verbrauch und sind nur sehr schlecht planbar.

### Kombination der beiden Verfahren

Wenn nun beide Analysen zusammengebracht werden, erhält man eine (3 × 3 =) 9-Felder-Tabelle mit entsprechenden Strategien. Die mittleren Felder (B- und Y-Artikel) wurden zur Vereinfachung weggelassen, da sie ohnehin nur einen Mittelweg darstellen, wodurch sich eine 4-Felder-Tabelle ergibt:

|  | X-Artikel | Z-Artikel |
|---|---|---|
| **A-Artikel** | • hoher Wertanteil<br>• geringe Schwankungen<br>• fertigungssynchrone Beschaffung (just-in-time) | • hoher Wertanteil<br>• starke Schwankungen<br>• Vorratsbeschaffung oder Einzelbeschaffung |
| **C-Artikel** | • geringer Wertanteil<br>• geringe Schwankungen<br>• Vorratsbeschaffung | • geringer Wertanteil,<br>• starke Schwankungen<br>• Vorratsbeschaffung |

### 8.6.2.4 Brutto- und Nettobedarfsrechnung

Zunächst muss hier der **Primärbedarf** festgestellt werden. Sofern die Anzahl der zu fertigenden Endprodukte feststeht, kann anhand von Stücklisten ermittelt werden, welcher **Sekundärbedarf** an den einzelnen Teilen besteht.

| H 2013 | A4 | 5 Pt. |
| F 2014 | A4a-b | 5 Pt. |
| F 2014 | A8b | 3 Pt. |

| | |
|---|---|
| Sekundärbedarf | 5.000 St. |
| + Zusatzbedarf (für ungeplanten Bedarf) | 500 St. |
| **= Bruttobedarf** | **5.500 St.** |
| − Lagerbestand | 2.000 St. |
| − Bestellbestände | 1.000 St. |
| + Vormerkbestände (Reservierungen) | 3.500 St. |
| + Sicherheitsbedarf (Mindestbestand) | 1.500 St. |
| **= Nettobedarf** | **7.500 St.** |

Daraus lassen sich dann schrittweise der Sekundärbedarf, Bruttobedarf und Nettobedarf berechnen.

## 8.6.2.5 Methoden der Bedarfsermittlung

Zur übersichtlichen Darstellung und zur Erleichterung der Berechnung werden **Gozintographen** verwendet. Dies ist eine Umschreibung für goes-into-Graphen, sprich eine Darstellung der Einzelteile u. Baugruppen, die schrittweise zu einem Endprodukt zusammengesetzt werden.

Zu unterscheiden sind nun drei grundlegende Formen der Bedarfsermittlung für den Sekundärbedarf:

- **deterministische Bedarfsermittlung**: programm-/plangesteuerte Verfahren (auch bedarfsgesteuert oder Push-Prinzip genannt) anhand von Stücklisten (bspw. bei A-Artikeln).

- **stochastische Bedarfsermittlung**: statistische, verbrauchgesteuerte Verfahren mit Zahlen der Vergangenheit (Pull-Prinzip, C-Artikel).

- **heuristische Bedarfsermittlung**: Schätzverfahren als Notlösung, sofern die beiden anderen Verfahren nicht anwendbar sind.

### Verfahren der deterministischen Bedarfsermittlung

*Determinismus* steht allgemein für eine Denkweise, die Entwicklungen durch die jeweiligen Gegebenheiten vorherbestimmt sieht. So ermitteln diese Verfahren den Bedarf anhand der Mengen des Primärbedarfs und der je Endprodukt jeweils notwendigen Baugruppen und Einzelteile. Hierfür sind also entsprechende **Stücklisten** notwendig, die erfassen, welche Teile und Baugruppen für die Fertigung bestimmter Endprodukte notwendig sind. Dies ist in modernen computergestützten PPS-Systemen (Produktionsplanungs- und Steuerungssysteme) kein Problem mehr, da hier der Sekundärbedarf an Baugruppen und Teilen in Form von Stücklisten exakt erfasst wird. Diese **bedarfsgesteuerten Verfahren der Materialbereitstellung** sind grundsätzlich exakt, sofern kein unvorhergesehener höherer Verbrauch entsteht (bspw. durch vermehrten Ausschuss).

## Fall 8.4 — Bedarfsermittlung

Zur Veranschaulichung dient das folgende Fallbeispiel (typisch für IHK-Prüfungen): Für die Fertigung des Endprodukts E 17 (80 St.) werden 3 Baugruppen (BG 7-9) sowie die 5 Teile (T4-T8) benötigt. Es liegen die folgenden tabellarischen Angaben vor:

| ■ | Lagerbestände | Mindestbestand | Reservierung |
|---|---|---|---|
| E 17 | 0 | – | – |
| BG 7 | 10 | – | – |
| BG 8 | 0 | – | – |
| BG 9 | 20 | – | 5 |
| T 4 | 300 | 200 | 100 |
| T 5 | 1.200 | 500 | 50 |
| T 6 | 200 | 100 | – |
| T 7 | 500 | 300 | – |
| T 8 | 500 | 300 | – |

**Hinweis:** vgl. Kap. 8.1.6 Exkurs Erzeugnisdokumentation.

Zudem ist gegeben: **Gozintograph (Erzeugnisstruktur)**

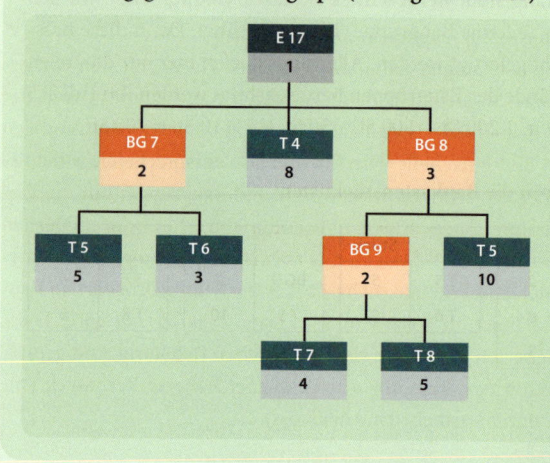

Prüfungsbezug:
- F 2009 A6a — 6 Pt.
- H 2012 A5a — 2 Pt.
- F 2013 A3a/2 — 8 Pt.
- F 2015 A8a — 10 Pt.
- H 2015 A5c — 4 Pt.

Gozintograph:
- E 17 (1)
  - BG 7 (2)
    - T 5 (5)
    - T 6 (3)
  - T 4 (8)
  - BG 8 (3)
    - BG 9 (2)
      - T 7 (4)
      - T 8 (5)
    - T 5 (10)

❶ Zuerst wird die **Mengenstückliste** für das Erzeugnis E 17 ermittelt. Sie setzt sich aus den notwendigen (Einzel-) Teilen für eine Einheit von E 17 zusammen. Hier müssen die verschiedenen Stufen miteinander multipliziert werden und ggf. bedacht werden, dass ein Teil an mehreren Stellen auftauchen kann.

| ■ Nr. | Stückliste für E 17 | Bruttobedarf für 80 St. | Lagerbestand verfügbar | Nettobedarf für 80 St. |
|---|---|---|---|---|
| T 4 | 8 | ❷ 640 | 0 | 640 |
| T 5 | 40 | 3.200 | ❸ 700 | 2.500 |
| T 6 | 6 | 480 | 130 | 350 |
| T 7 | 24 | 1.920 | 260 | 1.660 |
| T 8 | ❶ 30 | 2.400 | 275 | 2.125 |

❷ Anschließend erfolgt eine simple Multiplikation der Mengenstückliste mit dem **Primärbedarf** (hier jeweils × 80 St.).

❸ Der **verfügbare Lagerbestand** ergibt sich aus den Lagerbeständen, abzüglich der Angaben zum Mindestbestand und den Angaben der Reservierung. Vorsicht: Wenn vorgelagerte Baugruppen noch vorrätig sind, werden diese Bestände (multipliziert mit den jeweiligen Teilen je Baugruppe) hinzugerechnet. Denn diese müssen ja nicht gefertigt werden. Allerdings dürfen hier nur die freien Lagerbestände der Baugruppen berücksichtigt werden. Im Fall T 5 erhalten wir: 1.200 St. – 500 St. – 50 St. + 5 × 10 St. = 700 St.

Zudem noch die **Baukastenstücklisten**:

| E 17 | Stück |
|---|---|
| BG 7 | 2 |
| T 4 | 8 |
| BG 8 | 3 |

| BG 7 | Stück |
|---|---|
| T 5 | 5 |
| T 6 | 3 |

| BG 8 | Stück |
|---|---|
| BG 9 | 2 |
| T 5 | 10 |

| BG 9 | Stück |
|---|---|
| T 7 | 4 |
| T 8 | 5 |

## Verfahren der stochastischen Bedarfsermittlung

Der Begriff *Stochastik* wird häufig als Synonym für Statistik verwendet. Dementsprechend sind dies statistische Verfahren, die auf den **Verbrauchswerten der Vergangenheit** aufbauen. Daraus werden Prognosen für den zukünftigen Bedarf abgeleitet. Einerseits ist eine große Datenbasis für die Anwendung dieser Verfahren notwendig. Andererseits können diese **verbrauchsgesteuerten Verfahren der Materialbereitstellung** neuere Entwicklungen nicht vorhersehen (bspw. Branchen- oder Konjunkturschwächen). Es werden die folgenden Verfahren unterschieden:

- **arithmetisches Mittel**: Hier wird einfach die Summe der Mengen vergangener Monate durch die Anzahl der Monate geteilt.

- **gewogenes arithmetisches Mittel**: In diesem Fall werden die Mengen der vergangenen Monate gewichtet (jüngere Monate mit höherem Gewicht) und durch die Anzahl der Monate geteilt.

- Beide Verfahren werden für gewöhnlich in Form eines (gewogenen) **gleitenden Mittelwerts** berechnet. Hier wird jeweils der älteste Monat durch den gerade abgelaufenen Monat ersetzt. Alle Mittelwertverfahren sind nur bei geringen Schwankungen geeignet. Zu Veranschaulichung wiederum ein Fallbeispiel der Bedarfsermittlung für den Monat August in der folgenden Tabelle. In diesem Fallbeispiel steigt der Verbrauch stetig an. Folglich hinkt das arithmetische Mittel hinterher. Sofern jedoch die jüngeren Monate höher gewichtet werden, wird dieser Effekt etwas abgemildert. Verfahren, die auf arithmetischen Mittelwertberechnungen beruhen, sind insbesondere dann ungeeignet, wenn des einen eindeutigen Trend nach oben oder unten gibt.

- **Regressionsanalyse**: Sofern eine trendartige Entwicklung (nach oben oder unten) vorliegt, kann der weitere Verlauf der Trendlinie mit Hilfe der rechnerisch aufwendigen Regressionsanalyse prognostiziert werden.

| Monat | Verbrauch für T 5 | arithm. Mittel gleitend (4 Monate) | Gewicht | gew. arith. M. f. Aug. gleitend (4 Monate) |
|---|---|---|---|---|
| Jan. | 30 | – | – | – |
| Feb. | 32 | – | – | – |
| März | 34 | – | – | – |
| April | 36 | – | 1,0 | – |
| Mai | 38 | 33,0 | 2,0 | – |
| Juni | 40 | 35,0 | 3,0 | – |
| Juli | 42 | 37,0 | 4,0 | – |
| Aug. | 44 | 39,0 | – | 40,0 |

- **exponentielle Glättung**: Wenn hingegen gar kein Muster erkennbar ist, wird die exponentielle Glättung angewandt. Dabei werden ebenfalls Werte der Vergangenheit verwendet, bei denen aber je nach Glättungsfaktor die jüngere Vergangenheit stärker berücksichtigt wird. Ein Fallbeispiel folgt auf der nächsten Seite.

### Verfahren der heuristischen Bedarfsermittlung

Sofern weder entsprechende Stücklisten verwendet werden können, noch entsprechende Erfahrungswerte der Vergangenheit vorliegen, werden heuristische Verfahren eingesetzt. Hierbei handelt es sich um **Schätzverfahren**, die für gewöhnlich auf den **subjektiven Erfahrungen** des entsprechenden Planers/Entscheidungsträgers basieren. Diese Verfahren sollten nur dann verwendet werden, wenn die anderen Verfahren nicht anwendbar sind. *Heuristik* steht dabei allgemein für ein analytisches Vorgehen, bei dem mit begrenztem Wissen und mit Hilfe von subjektiven Einschätzungen Aussagen getroffen werden (bspw. Schätzungen).

## Fall 8.5 — exponentielle Glättung — Formeln

Zur stochastischen Bedarfsermittlung mit Hilfe der exponentiellen Glättung für den Monat sind drei Angaben notwendig:

- Vorhersagewert für den letzten Monat: $V_{Juli} = 50$ Stück

  H 2007 A4a-b  8 Pt.
  F 2016 A5a-c  9 Pt.

- tatsächlicher Verbrauch des letzten Monats: $T_{Juli} = 40$ Stück

- Glättungsfaktor: a) $\alpha = 0{,}8$, b) $\alpha = 0{,}3$. Der Glättungsfaktor muss zwischen 0 und 1 sein.

**Die allgemeine Formel für den prognostizierten Bedarf:**

(8.2) $V_{neu} = V_{alt} + \alpha \bullet (T_{alt} - V_{alt})$ bzw. $V_{August} = V_{Juli} + \alpha \bullet (T_{Juli} - V_{Juli})$

a) $V_{August} = 50 + 0{,}8 \bullet (40 - 50) = 42$

b) $V_{August} = 50 + 0{,}3 \bullet (40 - 50) = 47$.

**Fazit:** Je größer der Glättungsfaktor ist, umso mehr werden die Abweichungen der tatsächlichen von den prognostizierten Werten in die neue Prognose mit einfließen. Es findet somit eine geringere Glättung der Zeitreihe statt.

**Nachteile** des Verfahrens: (1) Bei trendartigem Verlauf ungeeignet, da es dem tatsächlichen Verlauf hinterherhinkt. (2) Saisonale Schwankungen können nicht ausgewiesen werden. (3) Das Verfahren ist auch bei stark unregelmäßigen Verläufen ungeeignet.

## 8.6.2.6 Bestelltermin-/Bestellmengenrechnung

Sofern die Frage nach den **Bedarfsmengen** geklärt ist, stellt sich im Anschluss die Frage nach den **Liefermengen**. Wichtig ist, dabei zu erkennen, dass die Bedarfsmengen eines bestimmten Zeitraums (bspw. eines Monats) nicht unbedingt den Liefermengen entsprechen müssen. Es könnte auch die Verteilung der Bedarfsmenge auf mehrere Lieferungen in einem Monat sinnvoll sein (bspw. bei A-Gütern).

### Ziele bei der Ermittlung der optimalen Liefermengen

Das Problem liegt nun im **Zielkonflikt** zwischen **Bestellkosten**, die mit sinkender Bestellhäufigkeit bzw. steigenden Bestellmengen sinken und den **Lagerhaltungskosten**, bei denen es genau umgekehrt ist:

- Je größer die Bestellmengen werden, desto geringer werden die **Bestellkosten** (die sich aus den Transaktionskosten und den **Bezugspreisen** = **Einstandspreisen** zusammensetzen).
- Je größer die Bestellmengen sind, desto größer werden die **Lagerhaltungskosten** (für Kapitalbindung, Personal, Raumkosten usw.).

### Andler-Formel zur Berechnung der optimalen Bestellmenge

Zur Berechnung der optimalen Bestellmenge wird für gewöhnlich die Andler-Formel verwendet:

$$(8.3) \quad x_{opt} = \sqrt{\frac{2 \cdot \text{Jahresbedarf} \cdot \text{Bestellkosten}}{\text{Lagerhaltungskostensatz} \cdot \text{Bezugspreis}}}$$

**Tipps:**

1. Der Lagerhaltungskostensatz muss unbedingt in Dezimalform angegeben werden: bei 30 % also 0,3. Wird er hingegen als Prozentsatz (30 %) eingefügt, muss in der Formel im Zähler 200 (statt 2) stehen. 2. Alternativ werden für *Jahresbedarf* und *Bezugspreis* auch die Begriffe *Jahresverbrauch* und *Einstandspreis* verwendet. 3. Zu den Bestellkosten zählen bspw.: anteilige Löhne, Miete, IT sowie Büromaterial.

## Kapitel 8: Absatz-, Materialwirtschaft & Logistik — Fallbeispiele

### Fall 8.6 a — Berechnung d. optimalen Bestellmenge — Form./Abb.

**Angaben:**

- Jahresbedarf = 5.000 Stück
- Bezugspreis pro Stück = 150 €/St.
- Bestellkosten je Bestellvorgang = 30 €
- Lagerhaltungskostensatz = 20 % bzw. 0,20

| | | |
|---|---|---|
| H 2008 | A3c | 6 Pt. |
| F 2009 | A2a-b | 9 Pt. |
| H 2012 | A5b,d | 8 Pt. |
| F 2014 | A7b | 1 Pt. |
| H 2015 | A6 | 12 Pt. |
| F 2016 | A6b | 5 Pt. |
| F 2017 | A1b | 1 Pt. |
| H 2017 | A3a | 6 Pt. |
| F 2019 | A1a-b | 11 Pt. |

**Aufgaben:**

a) Ermitteln Sie die optimale Bestellmenge.

b) Berechnen Sie die Anzahl der notwendigen Bestellungen.

**Lösungen:**

a) $(8.4)\ x_{opt} = \sqrt{\dfrac{2 \cdot 5.000\ \text{St.} \cdot 30\ €}{0,20 \cdot 150\ €/\text{St.}}} = 100\ \text{St.}$

b) $(8.5)\ B_{opt} = \dfrac{\text{Jahresbedarf}}{x_{opt}} = \dfrac{5.000\ \text{St.}}{100\ \text{St./B.}} = 50\ \text{B.}$ *(Bestellungen)*

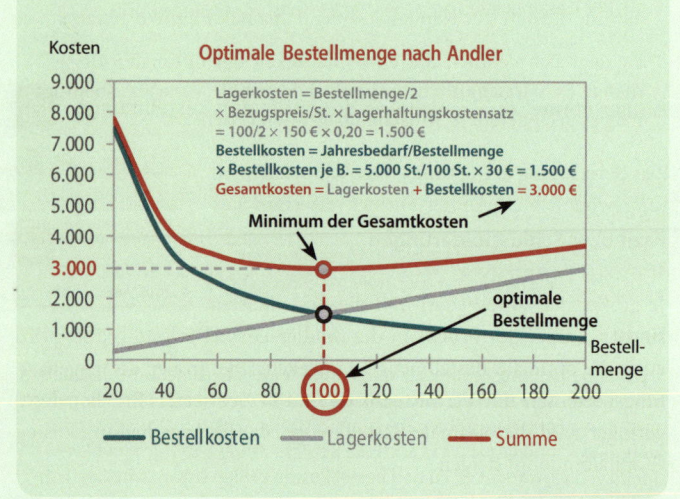

**Optimale Bestellmenge nach Andler**

Lagerkosten = Bestellmenge/2 × Bezugspreis/St. × Lagerhaltungskostensatz = 100/2 × 150 € × 0,20 = 1.500 €
Bestellkosten = Jahresbedarf/Bestellmenge × Bestellkosten je B. = 5.000 St./100 St. × 30 € = 1.500 €
Gesamtkosten = Lagerkosten + Bestellkosten = 3.000 €

Minimum der Gesamtkosten — optimale Bestellmenge = 100

— Bestellkosten — Lagerkosten — Summe

## Fall 8.6 b — Kostenvorteil d. optimalen Bestellmenge — Formeln

Zur Veranschaulichung, inwiefern sich durch die Anwendung der optimalen Bestellmenge nach der Andler-Formel tatsächlich die Kosten senken lassen, erweitern wir das vorherige Fallbeispiel. Wir stellen nun die Frage, wie die Kosten im Vergleich dazu wären, wenn nur einmal pro Quartal bestellt würde. Entsprechend ließe sich eine Tabelle für verschiedene Bestellmengen erstellen.

*F 2017 A1c 5 Pt.*

1. Fall: 1.250 St. Bestellmenge je Quartal bei 4 Bestellungen:

(8.6) Lagerkosten = $\frac{1.250 \text{ St.}}{2} \cdot 0,20 \cdot 150$ €/St. = 18.750 €

(8.7) Bestellkosten = 4 Bestellungen · 30 €/Best. = 120 €

(8.8) Gesamtkosten = Lagerkosten + Bestellkosten = 18.870 €

2. Fall: 100 St. Bestellmenge je Quartal bei 50 Bestellungen:

(8.9) Lagerkosten = $\frac{100 \text{ St.}}{2} \cdot 0,20 \cdot 150$ €/St. = 1.500 €

(8.10) Bestellkosten = 50 Bestellungen · 30 €/Best. = 1.500 €

(8.11) Gesamtkosten = Lagerkosten + Bestellkosten = 3.000 €

Es zeigt sich deutlich die Vorteilhaftigkeit der optimalen Bestellmenge (= **wirtschaftlich optimale Losgröße**). Verfahrensbedingt mag es geeignetere **technische Losgrößen** geben.

### Fazit bzw. Schlussfolgerungen

*F 2016 A6c 2 Pt.*

Je größer der Jahresbedarf und die Bestellkosten sind (= Zähler des Bruchs in der Andler-Formel), desto größer wird auch die optimale Bestellmenge. Umgekehrt: Je größer der Lagerhaltungskostensatz und der Bezugspreis sind (= Nenner des Bruchs), desto geringer wird die optimale Bestellmenge, da die Lagerhaltungskosten (Kapitalbindung) steigen.

## Kapitel 8: Absatz-, Materialwirtschaft & Logistik — Fallbeispiele

### Fall 8.6 c — Ermittlung des Jahresbedarfs — Formeln

Sofern die optimale Bestellmenge (100 St.) gegeben ist, können durch Umstellung der Andler-Formel die anderen Größen berechnet werden (bspw. hier der Jahresbedarf):

F 2014 A7a  3 Pt.

**Lösung:**

$$(8.12)\quad x_{opt} = \sqrt{\frac{x_{Jahr} \cdot K_{Best.} \cdot 2}{i_L \cdot k}}$$

$$x_{opt}^2 = \frac{x_{Jahr} \cdot K_{Best.} \cdot 2}{i_L \cdot k}$$

$$(8.13)\quad x_{Jahr} = \frac{x_{opt}^2 \cdot i_L \cdot k}{K_{Best.} \cdot 2}$$

$$x_{Jahr} = \frac{(100\ \text{St.})^2 \cdot 0{,}20 \cdot 150\ \text{€/St.}}{30\ \text{€} \cdot 2} = 5.000\ \text{St.}$$

$x_{Jahr}$ = Jahresbedarf; $K_{Best.}$ = Kosten je Bestellvorgang

$i_L$ = Lagerzinssatz bzw. Lagerhaltungskostensatz

$k$ = Bezugspreis bzw. Herstellkosten/Stück

### Gründe einer Abweichung von der optimalen Bestellmenge

In der Praxis kann es trotzdem Gründe geben, von diesem theoretischen Konzept abzuweichen:

H 2008 A3a  3 Pt.
F 2009 A2c  3 Pt.
H 2017 A3b  2 Pt.
F 2019 A1c  4 Pt.

1. begrenzte Lagerkapazitäten führen zu kleineren Mengen, 2. sich verändernder Lagerkostensatz (erfordert neue Berechnung), 3. sich kurzfristig ändernde Bedarfsmengen oder Einstandspreise, 4. bestimmte Packungs- oder Transportgrößen erfordern dies, 5. mangelnde Liquidität führt zu kleineren Mengen und 6. Erwartung sinkender (steigender) Preise kann zu kleineren (größeren) Bestellmengen führen.

## Lieferzeitpunkt

Nachdem die Bedarfsmengen bestimmt und die einzelnen optimalen Liefermengen ermittelt wurden, können die Lieferzeitpunkte festgelegt werden. Sofern deterministische Methoden der Bedarfsermittlung angewandt werden, ist dies relativ einfach zu bestimmen. Wenn jedoch stochastische bzw. verbrauchsgesteuerte Verfahren genutzt werden, können vier Verfahren unterschieden werden. Von diesen Verfahren interessieren uns im weiteren Verlauf nur die beiden invertiert hervorgehobenen Fälle ❶ und ❹, die später näher beschrieben werden:

|  | Bestellpunktverfahren | Bestellrhythmusverfahren |
|---|---|---|
| **m Bestellmengen M fix** | $z_{var}M_{fix}$ ❶ Bestellpunktverfahren mit fixen Mengen | $Z_{fix}M_{fix}$ ❷ Bestellrhythmusverfahren mit fixen Mengen |
| **variabel** | $z_{var}m_{var}$ ❸ Bestellpunktverfahren mit variablen Mengen | $Z_{fix}m_{var}$ ❹ Bestellrhythmusverfahren mit variablen Mengen |
|  | variabel  z Zeitpunkt Z | fix |

## Sicherheitsbestand

In allen Verfahren sollte aus den folgenden Gründen heraus ein **Sicherheitsbestand** (auch **Mindestbestand** bzw. **eiserne Reserve** genannt) berücksichtigt werden:

- **Bedarfsunsicherheiten**: Abweichungen zwischen tatsächlichen und ermittelten Bedarfsmengen.

- **Bestandsunsicherheiten**: Inventurdifferenzen, bspw. aufgrund von Schwund, Diebstahl, Verderb, Falschbuchungen.

- **Lieferunsicherheiten**: aufgrund von verspäteten Lieferungen.

- **Qualitätsunsicherheiten**: unbrauchbare/kaputte Materialien.

## Bestellpunktverfahren

Bei diesem Verfahren werden **Meldebestände** ermittelt, die den **Bestellzeitpunkten** entsprechen, die so gestaltet sind, dass bei einer erwarteten Lieferzeit und einen gewöhnlichen Verbrauch pro Tag zum Zeitpunkt der Anlieferung der Sicherheitsbestand erreicht wird und damit im Normal-

| F | 2007 | A2c | 4 Pt. |
|---|---|---|---|
| H | 2009 | A3a-c | 8 Pt. |
| H | 2011 | A8a-c | 7 Pt. |
| F | 2015 | A6a-b | 6 Pt. |
| F | 2016 | A6a1 | 2 Pt. |
| F | 2017 | A1a1 | 2 Pt. |

fall nicht unterschritten wird. Er sichert damit die Produktion vor unvorhergesehen Entwicklungen (bspw. Stau, Produktionsprobleme beim Lieferanten). Dabei werden immer die gleichen Bestellmengen geordert, aber die Bestellzeitpunkte können variieren.

### Formeln zu den Lieferzeitpunkten

Zur Berechnung des Sicherheitsbestands (SB) und des Meldebestandes (MB) etc. werden die folgenden Formeln verwendet:

(8.14) $SB = \text{Sicherheitszeit} \cdot \varnothing \text{ Verbrauch/Tag}$

(8.15) $MB = \text{Lieferzeit} \cdot \varnothing \text{ Verbrauch/Tag} + SB$

(8.16) $\text{Bestellmenge} = \text{Lagerkapazität} - SB$

(8.17) $\text{Jahresverbrauch} = \text{Fertigungstage/Jahr} \cdot \varnothing \text{ Verbrauch/Tag}$

(8.18) $\text{Bestellhäufigkeit} = \dfrac{\text{Jahresverbrauch}}{\text{Bestellmenge}}$

Auf der nächsten Seite finden Sie ein dazu passendes Zahlenbeispiel.

Die Lagerkapazität bzw. der Höchstbestand sollte dabei nicht als wirklich maximal lagerbare Menge interpretiert werden. Sie stellt vielmehr den Sollbestand nach Lieferung dar.

**Tipp:**

In IHK-Prüfungen wird für gewöhnlich von diesem idealtypischen Fall des folgenden Fallbeispiels ausgegangen – auch wenn es in der Realität wohl eher selten sein dürfte.

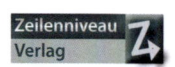

| Fall 8.7 | Lieferzeitpunkte | Formeln |

**Angaben:**

- Lagerkapazität = 5.600 St.
- Verbrauch/Tag = 200 St./Tag
- Fertigungstage (Plan) = 360 Tage
- Wiederbeschaffungszeit = 5 Tage
- Zeitbedarf Eingangskontrolle = 1 Tage
- Reichweite des Sicherheitsbestands = 10 Tage

**Aufgaben:**

a) Ermitteln Sie den Sicherheitsbestand und den Meldebestand.

b) Berechnen Sie die Bestellmenge und die Bestellhäufigkeit.

**Lösungen: a) + b)**

(8.19) SB = 10 Tage · 200 St./Tag = 2.000 St.

(8.20) MB = 6 Tage · 200 St./Tag + 2.000 St. = 3.200 St.

(8.21) Bestellmenge = 5.600 St. - 2.000 St. = 3.600 St./Best.

(8.22) Jahresverbrauch = 360 Tage · 200 St./Tag = 72.000 St.

(8.23) Bestellhäufigkeit = $\dfrac{72.000 \text{ St.}}{3.600 \text{ St./Best.}}$ = 20 Best.

Zur besseren Übersicht ist auf der nächsten Seite noch eine dazu gehörende Abbildung zum Bestellpunktverfahren anhand des eben berechneten Beispiels. Es wird hier ebenfalls ein **idealtypischer Verlauf** dargestellt, bei dem der tatsächliche dem prognostizierten Verbrauch immer entspricht.

**Fazit**: Die Bestellzeitpunkte sind regelmäßig alle (360 Tage/Jahr ÷ 20 Bestell. =) 18 Tage und die Bestellmengen betragen jeweils 3.600 St. Insgesamt sind 20 Bestellungen (bzw. **Lose**) zu tätigen.

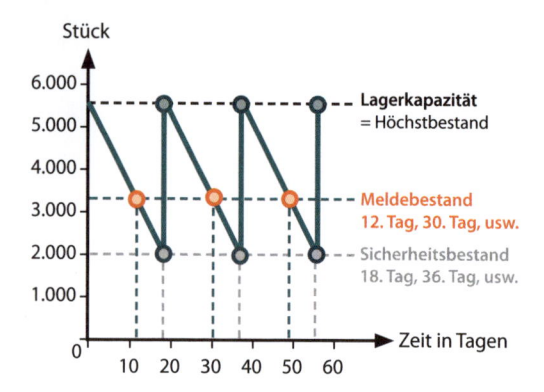

## Beschaffungslogistik

**Stück**

- 6.000 — — — — — — — — — — — — — — **Lagerkapazität** = Höchstbestand
- 5.000
- 4.000
- 3.000 — — — — — — — — — — — — — — **Meldebestand** 12. Tag, 30. Tag, usw.
- 2.000 — — — — — — — — — — — — — — **Sicherheitsbestand** 18. Tag, 36. Tag, usw.
- 1.000

Zeit in Tagen

In der Realität dürfte dieser idealtypische Fall wohl eher selten eintreffen. Daher betrachten wir nun den realistischeren Fall unregelmäßiger Bestellpunkte. Die Bestellmengen bleiben hingegen fix. Es lassen sich dabei die folgenden drei Fälle unterscheiden:

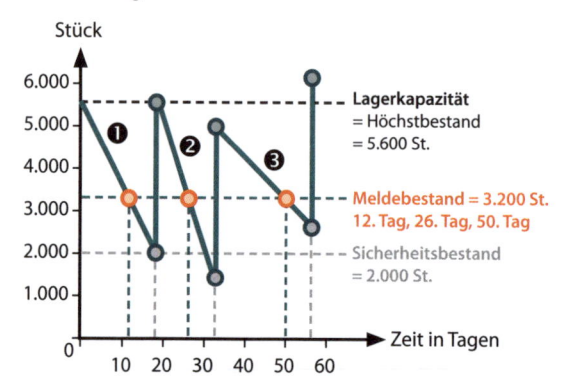

**Stück**

- 6.000
- 5.000 ❶ ❷ ❸ **Lagerkapazität** = Höchstbestand = 5.600 St.
- 4.000
- 3.000 **Meldebestand = 3.200 St.** 12. Tag, 26. Tag, 50. Tag
- 2.000 **Sicherheitsbestand** = 2.000 St.
- 1.000

Zeit in Tagen

❶ Im ersten Fall entspricht der tatsächliche dem durchschnittlichen Verbrauch (200 St.), dadurch wird genau beim Eintreffen der neuen Lieferung der Sicherheitsbestand erreicht.

❷ Der zweite Fall beschreibt einen höheren als den erwarteten Verbrauch (300 St./Tag > 200 St./Tag). Hier wird bis zum Eintreffen der Nachlieferung der Sicherheitsbestand unterschritten.

❸ Der letzte Fall ist bei einem geringeren als dem erwarteten Verbrauch (100 St./Tag < 200 St./Tag). Hier wird bei Eintreffen der Nachlieferung der Sicherheitsbestand noch nicht angegriffen.

**Fazit**: Die Bestellzeitpunkte sind unregelmäßig, die Bestellmengen hingegen fix. Zudem sind die Bestände nach dem Eintreffen der Lieferungen oft nicht der Lagerkapazität entsprechend.

### Bestellrhythmusverfahren

Bei diesem Verfahren wird zu festen Zeitpunkten der Lagerbestand geprüft und entsprechend geordert. Der idealtypische Verlauf entspricht vom Ergebnis demjenigen des Bestellpunktverfahrens. Nur gibt es halt keinen Meldebestand, sondern feste Bestellzeitpunkte:

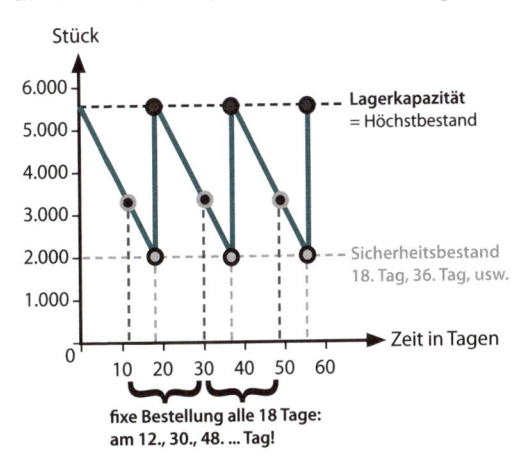

Stück

- 6.000 — **Lagerkapazität** = Höchstbestand
- 2.000 — Sicherheitsbestand 18. Tag, 36. Tag, usw.

Zeit in Tagen

fixe Bestellung alle 18 Tage: am 12., 30., 48. ... Tag!

In der Realität dürfte auch dieser idealtypische Fall nicht immer eintreffen. Daher bleiben die Bestellzeitpunkte fix, aber die Bestellmengen werden variabel. Es wird immer so viel geordert, dass beim Materialeingang voraussichtlich die Lagerkapazität erreicht wird. Dies erfordert in den folgenden drei Fällen unterschiedliche Bestellmengen:

❶ Im ersten Fall entspricht der tatsächliche dem durchschnittlichen Verbrauch (200 St.), dadurch wird genau beim Eintreffen der neuen Lieferung der Sicherheitsbestand erreicht. ❷ Der zweite Fall beschreibt einen höheren als den erwarteten Verbrauch (300 St./Tag > 200 St./Tag). Die neue Bestellung fällt mit 5.400 St. größer aus. ❸ Der letzte Fall zeigt einen geringeren als den erwarteten Verbrauch (100 St./Tag < 200 St./Tag). Hier werden 1.800 St. bestellt.

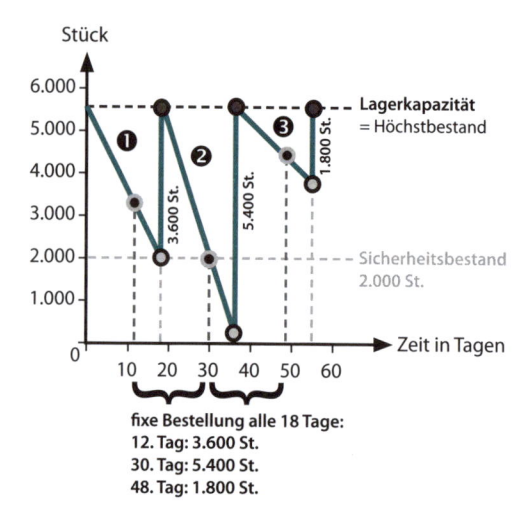

fixe Bestellung alle 18 Tage:
12. Tag: 3.600 St.
30. Tag: 5.400 St.
48. Tag: 1.800 St.

## Feinabruf

In der betrieblichen Praxis wird bspw. bei der Just-in-time-Fertigung häufig ein Rahmenvertrag über die Lieferung bestimmter Materialien geschlossen. Der konkrete Abruf der einzelnen Materialien erfolgt dann nach Bedarf und wird dann jeweils konkretisiert (verfeinert, daher Feinabruf). Dies erfordert jedoch eine sehr enge Zusammenarbeit mit den Lieferanten über EDV-gestützte Systeme. Zudem sind die optimale Bestellmenge und der Lieferzeitpunkt nur bei Feinabruf voneinander unabhängig.

## 8.6.3 Beschaffungsstrategien

Ziel der Beschaffungsstrategie ist die Sicherstellung der Versorgung des Unternehmens mit den entsprechenden Waren und Materialien (je nach Branche: Handel oder Industrie). Dabei müssen die damit verbundenen Kosten berücksichtigt werden, und im Rahmen gehalten werden.

### Sourcing-Konzepte

H 2012 A12 4 Pt.

Für Unternehmen gibt es gerade in einer globalisierten Welt verschiedene Formen von **Beschaffungsstrategien** (= Sourcing-Konzepte). Zunächst gilt es dabei die folgenden Fragen zu klären:

- Welche Strategie ermöglicht uns eine optimale Kombination aus Preis, Qualität, Termintreue etc.?
- Inwiefern ist eine enge Bindung an einen Lieferanten wünschenswert? Welche Informationen dürfen Lieferanten erhalten?
- Wie kann sichergestellt werden, dass Marktveränderungen erkannt und berücksichtigt werden?

Es werden verschiedene **Formen** von Sourcing-Konzepten anhand der folgenden **Kriterien** unterschieden (anschließende Erläuterung):

1. Träger der Wertschöpfung: Eigenfertigung oder Fremdbezug
2. Fertigungstiefe bei der Beschaffung: Einzelteilbeschaffung oder Beschaffung von ganzen Modulen
3. Zusammenarbeit in der Beschaffung, Lieferantenanzahl
4. Ort der Beschaffung: lokal, regional, national oder global
5. Zahl der Lieferanten
6. Zentraler oder dezentraler Einkauf
7. Liefermengen

## 1. Eigenfertigung oder Fremdbezug (Make or buy)

Sollen Vorprodukte selbst produziert (make/Eigenfertigung) oder zugekauft (buy/Fremdbezug) werden. Vgl. hierzu ausführlicher Kap. 8.6.4.

## 2. Fertigungstiefe bei der Beschaffung

Bei Fremdbezug muss sich ein Unternehmen fragen, inwiefern Einzelteile oder ganze Module geordert werden sollen:

H 2017 A4b 2 Pt.

- **Unit Sourcing:** Sofern Einzelteile beschafft werden, kann die beste Qualität oder der günstigste Preis bzw. die genaue gewünschte Spezifikation beschafft werden. Das erhöht die eigene Flexibilität und verringert die Abhängigkeit von Anbietern. Es steigen jedoch auch die Kosten durch unsere steigende Fertigungstiefe.

- **Modular Sourcing:** In diesem Fall werden komplette Module bzw. Baugruppen (bspw. Motoren) beschafft. Die Fertigungstiefe sinkt und damit auch die Fertigungskosten. Man kann sich auf weniger Lieferanten konzentrieren. Aber die Vorteile der Einzelteilbeschaffung gehen verloren.

- **System Sourcing:** Diese Effekte verstärken sich, wenn anstelle von einzelnen Baugruppen komplexe Baugruppen beschafft werden, die sich aus einzelnen Baugruppen zusammensetzen. In einer **Wertschöpfungspartnerschaft** mit Lieferanten erfolgt: (1) Baugruppenlieferung, (2) gemeinsame Entwicklung u. (3) Qualitätssicherung.

## 3. Zusammenarbeit (Kooperation) in der Beschaffung

Je nach Unternehmensgröße und Marktmacht der Gegenseite bieten sich auch die folgenden beiden Varianten an:

- **Individual Sourcing:** Das Unternehmen führt seine Beschaffung eigenständig durch.

- **Collective Sourcing:** Die Beschaffung wird in Kooperation mit anderen Unternehmen durchgeführt. Dies bietet sich insbesondere für kleinere Unternehmen ohne Marktmacht an. In der Zusammenarbeit mit anderen Unternehmen können zusammen bessere Konditionen ausgehandelt werden. Dieses genossenschaftliche Prinzip finden wir häufig bei Handelsbetrieben.

## 4. Ort der Beschaffung

- **Local Sourcing**: Wer sich für Lieferanten vor Ort entscheidet, hat kürzere Wege und damit geringere Transportkosten sowie weniger Transportausfälle. Dies ist insbesondere bei einer Just-in-time-Fertigung sinnvoll. Zudem kann bisweilen der lokale Bezug auch als Marketingargument ausgenutzt werden – jedoch nur für den regionalen Vertrieb.

  H 2017 A4b    2 Pt.

- **National Sourcing**: Bestimmte Branchen sind auch durch nationale Grenzen gekennzeichnet. Insofern kann hier die landesweite Beschaffung vorteilhaft sein.

- **Global Sourcing**: Die Entscheidung für den weltweiten Bezug ermöglicht die Ausnutzung der günstigsten Preise, der besten Qualität oder des besten Services usw. Allerdings steigen auch die Risiken durch bspw. Transport, politische Entwicklungen, Wechselkurse.

## 5. Lieferantenanzahl

Sofern man sich für den Fremdbezug entscheidet, stellt sich weiterhin die Frage nach der Anzahl der Lieferanten für ein bestimmtes Produkt:

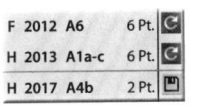

F 2012 A6    6 Pt.
H 2013 A1a-c 6 Pt.
H 2017 A4b   2 Pt.

- **Single Sourcing**: Wer sich für einen Lieferanten entscheidet, kann eher eine enge und partnerschaftliche Zusammenarbeit erwarten. Es dürften eher Preisnachlässe und Sonderkonditionen aushandelbar sein. Der Lieferant dürfte flexibler und kurzfristiger auf unsere Wünsche eingehen. Zudem dürfte der Service besser sein. Zu den Nachteilen zählen die Abhängigkeit von diesem Lieferanten und es kann nicht jedes Sonderangebot am Markt genutzt werden.

- **Dual Sourcing (Triple Sourcing)**: Zum Zweck der Verminderung der Abhängigkeit von einem Lieferanten werden zwei (bzw. drei) Lieferanten gewählt. Für gewöhnlich wird der Großteil der Materialien von einem Lieferanten gewählt. Sollte dieser aber ausfallen, kann auch eher kurzfristig auf einen der anderen zurückgegriffen werden. Es entsteht dadurch auch eine gewisse Konkurrenz der Lieferanten untereinander.

- **Multiple Sourcing**: Die Abhängigkeit von einzelnen Lieferanten schwindet völlig, aber dafür auch deren Interesse an kurzfristigen Lösungen und außergewöhnlichem Service in Sondersituationen.

| Multiple Sourcing ||
|---|---|
| **Vorteile** | **Nachteile** |
| • geringere Abhängigkeit | • hohe Kosten im Bestellwesen und der Eingangskontrolle |
| • Konkurrenz unter den Lieferanten führt zu Innovationen | • zu geringe Bestellmengen mit fehlenden Mengenrabatten |
| • Konkurrenz unter den Lieferanten fördert Qualität und günstige Preise | • Wissenstransfer mit zu vielen Lieferanten und damit ggf. zur Konkurrenz |
| • Konkurrenz unter den Lieferanten steigert Termintreue | • unzureichende Zusammenarbeit/Abstimmungsprobleme |

### 6. Zentraler vs. dezentraler Einkauf

In größeren Unternehmen mit vielen Filialen (bei einem Handelsbetrieb) oder vielen Niederlassungen bzw. Betriebsstätten (bei Industriebetrieben) stellt sich die grundsätzliche Frage, ob der Einkauf zentral oder von den einzelnen Einheiten durchgeführt werden sollte. Die Vorteile der einen Form spiegeln die Nachteile der anderen Form. Daher sind in der folgenden Übersicht nur die Vor- und Nachteile des zentralen Einkaufs aufgelistet (die umgekehrt den Nach- und Vorteilen des dezentralen Einkaufs entsprechen):

| Zentralisierung des Einkaufs ||
|---|---|
| **Vorteile** | **Nachteile** |
| • Preisvorteile beim Einkauf durch größere Bestellmengen | • längere Entscheidungswege |
| • größere Verhandlungsmacht gegenüber Lieferanten | • erhöhter Zeitbedarf der Abstimmung |
| • Spezialisierungsvorteile der Mitarbeiter in der Zentrale, die sich nur darauf konzentrieren können | • weniger Detailkenntnisse in der Zentrale vorhanden, als die Mitarbeiter vor Ort besitzen |
| • Kostenvorteile durch weniger erforderliches Personal | • zusätzlicher Kommunikationsbedarf |
| • einheitliche und klare Entscheidungen | • fehlender Kontakt der MA vor Ort zu den Lieferanten |

### 7. Liefermengen

| H 2007 | A3c | 3 Pt. |
| H 2010 | A3a-b | 8 Pt. |
| F 2011 | A4a-b | 6 Pt. |

Es werden drei grundlegende Beschaffungsstrategien hinsichtlich der Liefermengen unterschieden:

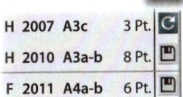

- **Einzelbeschaffung (auftragsbezogene Fertigung)**: Diese Form ist insbesondere bei der Einzelfertigung Standard.

- **Vorratsbeschaffung**: Die resultierenden relativ großen Lagerbestände sind besonders bei stark schwankender Nachfrage sinnvoll.

  - Zu den **Vorteilen** zählen die jederzeitige Verfügbarkeit der Artikel sowie die günstigen Einkaufskonditionen durch Einkauf größerer Mengen.

  - Dem stehen allerdings die **Nachteile** der höheren Lagerhaltungskosten (Kapitalbindung, Lagergröße, Mitarbeiteranzahl etc.) und die Gefahr des Untergangs der Waren (Verderb, Schwund, Diebstahl und Veralterung) gegenüber.

- **fertigungssynchrone Beschaffung**: Ziel ist die Minimierung der Lagerbestände durch eine Angleichung der Liefermengen an die Verbrauchsmengen (just in time-Lieferung). Dies ist insbesondere bei AX-Artikeln denkbar, die durch große Bedeutung (und damit hohen Lagerkosten) sowie guter Planbarkeit und geringen Verbrauchsschwankungen gekennzeichnet sind. So wird dieses Prinzip bspw. bei der Automobilfertigung angewandt.

- Zu den **Vorteilen** zählen die Senkung der Lagerhaltungskosten und der Wegfall des Lagerrisikos.

- **Nachteil**: Es besteht ein grundsätzliches Risiko, dass die Fertigung bei Ausbleiben der Lieferungen stockt – mit den entsprechend hohen Kosten eines stehenden Fließbandes (bspw. in der Automobilwirtschaft). Zu diesem Zweck wird das Risiko auf den Lieferanten übertragen, der möglichst nebenan ein Zwischenlager hält, bzw. die Lagerhaltung findet durch den Lieferanten auf der Straße statt.

In diesem Zusammenhang sind auch die folgenden beiden Begriffe zu unterscheiden:

- **Just-in-time-Fertigung** (bedarfssynchrone Fertigung; JIT): Das Material wird zu dem Zeitpunkt geliefert, wenn es in der Fertigung benötigt wird. Damit werden umfängliche Lagerbestände vermieden. Es ist ein komplexes System, das eine genaue Abstimmung mit den Lieferanten erfordert. Zudem dürfen keine unvorhersehbaren Verbrauchsentwicklungen entstehen.

- **Just-in-sequence-Fertigung** (reihenfolgesynchrone Fertigung; JIS): Dies ist eine Weiterentwicklung der Just-in-time-Fertigung. Bei diesem werden die Materialien zeitgerecht angeliefert. Das JIS geht hier noch einen Schritt weiter: Die Materialien werden nicht nur zeitgerecht, sondern auch noch zusätzlich in der richtigen Reihenfolge (Sequenz) geliefert. Dies erfordert eine noch genauere EDV-basierte Abstimmung mit allen Lieferanten.

Beide Systeme können jedoch nur von marktmächtigen Unternehmen gegenüber ihren Lieferanten durchgesetzt werden.

## 8.6.4 Make-or-Buy-Entscheidung (MoB)

Zu den jeweiligen Vor- und Nachteilen des **Fremdbezugs** zählen (die umgekehrt den Nach- und Vorteilen der **Eigenfertigung** entsprechen):

| Fremdbezug | |
|---|---|
| Vorteile | Nachteile |
| • Verminderung der Fixkosten möglich, da weniger Anlagen notwendig sind | • längerfristige Abhängigkeit vom Lieferanten |
| • keine zusätzlichen und zukünftigen Investitionen erforderlich | • Verlust von Wissen im Unternehmen |
| • geringere Fertigungstiefe, Konzentration auf Kernkompetenzen | • Weitergabe von spezifischem Wissen |
| • ggf. mehr Know-how des Lieferanten | • Aufbau neuer Konkurrenten |

Im folgenden Fallbeispiel wird gezeigt, wie sich die beiden Varianten rechnerisch vergleichen lassen. Dabei wird zunächst im 1. Schritt nur der Kostenvorteil der einen Variante ermittelt. Im 2. Schritt wird die kritische Menge berechnet, bei der beide Varianten gleich hohe Kosten verursachen.

## Fall 8.8 — Eigenfertigung vs. Fremdbezug — Formeln

### Angaben:

- Jahresverbrauch ($x$) = 5.000 St.
- Nettopreis bei Fremdbezug ($p_{FB}$) = 50 €/St.
- Anschaffungskosten (AW) = 550 T€, Restwert (RW) = 50 T€
- Nutzungsdauer (ND) = 10 Jahre, kalk. Zinssatz ($p$) = 8 %
- variable Stückkosten bei Eigenfertigung ($k_{var}$) = 40 €/St.
- sonstige Fixkosten pro Jahr ($K_{fix}$) = 26 T€

### Aufgaben:

1. Ermitteln Sie rechnerisch, ob sich die Eigenfertigung (EF) lohnt.
2. Berechnen Sie die kritische Menge, ab der sich die Eigenfertigung rechnet.

### Lösungen:

1. Ermittlung des Kostenvorteils durch Fremdbezug (FB):

(8.24) $\text{AfA} = \dfrac{(AW - RW)}{ND} = \dfrac{(550\,T€ - 50\,T€)}{10\,J.} = 50\,T€$

(8.25) $\text{Zinsen} = \dfrac{(AW + RW)}{2} \cdot \dfrac{p}{100\,\%} = \dfrac{(550\,T€ + 50\,T€)}{2} \cdot \dfrac{8\,\%}{100\,\%} = 24\,T€$

Fixkosten = 50 T€ + 24 T€ + 26 T€ = 100 T€

(8.26) $\text{Kosten}_{EF} = k_{var} \cdot x + K_{fix} = 40\,€/St. \cdot 5.000\,St. + 100\,T€ = 300\,T€$

(8.27) $\text{Kosten}_{FB} = p \cdot x = 50\,€/St. \cdot 5.000\,St. = 250\,T€ \rightarrow$ **Vorteil = 50 T€**

2. Berechnung der kritischen Menge (= Gleichstand der Kosten):

(8.28) $\text{kritische Menge} = \dfrac{\text{Fixkostendifferenz}}{p_{FB} - k_{var}}$

$= \dfrac{100\,T€}{50\,€/St. - 40\,€/St.} = 10.000\,St.$

## 8.6.5 Lieferantenauswahl

**Kriterien beim Lieferanten-/Angebotsvergleich**

- Qualität der zu beschaffenden Materialien
- Zertifizierung der Lieferanten
- Beschaffungskosten und Zahlungsbedingungen
- Flexibilität, Einhaltung von Terminzusagen
- geografische Lage, Image des Lieferanten
- Service, Garantie und Kulanz, Umweltaspekte
- *Wichtig*: Es sollten nur verbindliche Angebot eingeholt werden. Angebote »**ohne Obligo**« (ohne Verpflichtung) sind unverbindlich.

**Angebotsvergleich**

Nachdem bei verschiedenen Lieferanten Anfragen terminiert gestellt werden, müssen die eingehenden Angebote verglichen werden, um eine gehaltvolle Entscheidung treffen zu können. Hierfür können **interne Informationsquellen** (bspw. Lieferantendatei, Mitarbeiter und gespeicherte Qualitätsdaten) und **externe Informationsquellen** (bspw. Kooperationspartner, gewerbliche Auskunfteien, Messen, Fachzeitschriften) genutzt werden. Sofern es sich um Angebote handelt, die sich nur aufgrund der Beschaffungskosten und Zahlungsbedingungen unterscheiden, kann sich ein Vergleich darauf reduzieren. Formen der Angebotsprüfung:

- **formelle Angebotsprüfung**: Vergleich zwischen Anfrage und Angebot (Preis, Menge, Qualität, Fristen usw.).
- **kaufmännische Angebotsprüfung**: Vorbereitung des Angebotsvergleichs (Preis, Zahlungs- und Lieferbedingungen).
- **technische Angebotsprüfung**: Prüfung der technischen Vorgaben (bspw. Qualität) durch die technischen Fachabteilungen.

## Fall 8.9 — Angebotsvergleich (Tabelle)

Für das Bauteil Yr12 ist ein Angebotsvergleich durchzuführen. Es liegen folgende Angaben vor:

- bisher Eigenfertigung mit variablen Stückkosten von 12 € und Fixkosten von 60.000 €/Jahr
- 3 mögliche Anbieter A, B und C
- 50.000 Stück pro Jahr

| in €          | A       | B       | C       |
|---------------|---------|---------|---------|
| NVP           | 15,50 € | 14,90 € | 17,25 € |
| Rabatt        | 12,5 %  | 15 %    | 27,5 %  |
| Skonto        | 2 %     | 3 %     | 2,5 %   |
| Einstandspreis| 13,29 € | 12,28 € | 12,19 € |

Bei Eigenfertigung betrugen die Stückkosten 13,20 €/St. (= 12 € + 60.000 €/50.000 St.). Somit sind die Lieferanten B und C deutlich günstiger. Die Ersparnis beträgt bei Lieferant C immerhin 1,01 € pro Stück (gerundeter Wert) und insgesamt 50.500 € (bei ungerundetem Zwischenergebnis 50.320,31 €).

Das ergibt nur dann Sinn, wenn die Qualität etc. gleich ist – es sich um standardisierte Güter handelt. In diesem Fall müssen die (Brutto-)Angebotspreise um Rabatte (inkl. möglicher Skonti), mögliche Zuschläge und sonstigen Nebenkosten korrigiert werden. Daneben spielen die Zahlungsbedingungen (Fristen) eine wesentliche Rolle.

**Tipps zur Nutzwertanalyse:**

(1) In IHK-Prüfungen werden zur Berechnung der Gewichtungsfaktoren gerne Rechenspiele eingebaut, nach dem Motto: »Kriterium 1 wird doppelt so stark wie Kriterium 2 gewichtet ...«. (2) Zudem wird dabei oft zwischen Prozenten und Prozentpunkten unterschieden. 55 % ist 10 % und 5 Prozentpunkte größer als 50 %. (3) Die Nutzwertanalyse wird auch in anderen Fächern Ihrer Prüfung behandelt und geprüft. (4) Der **Zielerreichungsgrad** einer Alternative mit bspw. 4,1 Punkten von maximal 5 Punkten beträgt (4,1 ÷ 5 × 100 % =) 82 %.

| Fallbeispiele | Kapitel 8: Absatz-, Materialwirtschaft & Logistik |

## Fall 8.10 — Nutzwertanalyse — Tabelle

Zur Veranschaulichung der Nutzwertanalyse wählen wir den Fall der Auswahl eines Lieferanten: ❶ Zuerst müssen wir die für uns relevanten Bewertungskriterien auswählen. ❷ Im nächsten Schritt müssen die gewählten Faktoren gewichtet werden. ❸ Für gewöhnlich erhält man hier eine Summe der Gewichte von 1,0 (bei Faktoren) bzw. 100 % (bei Prozentangaben). Bewusst wurde hier ein anderer Wert (24) gewählt.

| F | 2008 | A2    | 10 Pt. |
| F | 2009 | A3a-b | 10 Pt. |
| H | 2011 | A6    | 10 Pt. |
| H | 2014 | A7a-b | 12 Pt. |
| F | 2017 | A2a-c | 9 Pt.  |
| H | 2018 | A1a-b | 10 Pt. |

| ■ | Nutzwertanalyse | Σ | Lieferant A | | Lieferant B | | Lieferant C | |
|---|---|---|---|---|---|---|---|---|
| Nr. | Kriterium ❶ | Gewicht | Note | Wert | Note | Wert | Note | Wert |
| 1 | Preis | ❷ 5 | ❹ 5 | ❺ 25 | 3 | 15 | 2 | 10 |
| 2 | Qualität | 5 | 3 | 15 | 4 | 20 | 5 | 25 |
| 3 | Service | 4 | 2 | 8 | 4 | 16 | 5 | 20 |
| 4 | Garantie | 3 | 1 | 3 | 3 | 9 | 5 | 15 |
| 5 | Zertifizierung | 1 | 1 | 1 | 1 | 1 | 5 | 5 |
| 6 | Umweltaspekte | 2 | 3 | 6 | 5 | 10 | 1 | 2 |
| 7 | Termintreue | 4 | 5 | 20 | 3 | 12 | 1 | 4 |
| Σ | Gesamtnote | ❸ 24 | 20 | ❻ 78 | 23 | 83 | 24 | 81 |

❹ Nun müssen für alle Lieferanten Noten vergeben werden. Dabei könnten bspw. Noten zwischen 1 und 5 bzw. zwischen 0 und 100 Punkten vergeben werden. Es muss eindeutig geklärt werden, in welcher Reihung gewertet wird: Sind hohe oder niedrige Noten bzw. Punkte besser oder umgekehrt? In unserem Fall ist die beste Note 5. ❺ Die weitere Vorgehensweise erfordert nun jeweils für alle Kriterien eine Multiplikation der Gewichtungsfaktoren mit den jeweiligen Noten der einzelnen Alternativen. ❻ Zum Schluss wird je Lieferant eine Spaltensumme berechnet. Diese ergibt dann die Gesamtnote. Auch für diese gilt in unserem Fall: je größer desto besser. Sie kann maximal (24 × 5 =) 120 ergeben und muss minimal bei 24 liegen. Es ergibt sich mit Lieferant B ein knapper Sieger.

Wären die Faktoren ohne Gewichtung gezählt worden, hätte Lieferant C mit 24 Punkten gewonnen. In der Praxis wird die Nutzwertanalyse häufig unkritisch angewandt. Es gibt zumindest die folgenden grundsätzlichen **Kritikpunkte** (die auch entsprechende Manipulationsmöglichkeiten ergeben):

- Die Auswahl der Kriterien ist mehr oder weniger willkürlich.
- Die Gewichtungsfaktoren sind schwer objektiv bestimmbar.
- Die Noten für die einzelnen Kriterien können subjektiv sein.
- Die Skalierung kann ungenau und zu wenig abgestuft sein.

**Sonstige Verträge**

- **Rahmenverträge:** Für gewöhnlich schließen Unternehmen mit (wichtigen) Lieferanten grundlegende Rahmenverträge ab, in denen vielfältige gleichbleibende Regelungen (Preise, Konditionen sowie AGB) festgelegt werden. Die Details werden je nach Fall in speziellen Einzelverträgen konkretisiert. Vorteile für Abnehmer: einmalige Verhandlungen, günstigere Konditionen. Vorteil für den Lieferanten: Planungssicherheit.

- **Abrufverträge** Zunächst wird eine insgesamt zu liefernde Menge festgelegt, deren Abruf dann je nach Bedarf erfolgt. Somit können entsprechende Mengenrabatte durch große Einkaufsmengen ausgehandelt werden, ohne die Lagerkosten entsprechend zu erhöhen. Die Transportkosten lassen sich dadurch nicht reduzieren.

- **Sukzessivlieferungsvertrag:** Vom Grundprinzip ähnlich wie Abrufverträge, bei dem allerdings schon von vornherein die Liefertermine festgelegt werden.

- **Spezifikationskaufvertrag:** Hier werden zunächst nur die Preise, Konditionen, Mengen und Materialart festgelegt. Die Konkretisierung (Spezifikation) in Bezug auf Form, Farbe etc. erfolgt später.

- **Streckengeschäfte:** In diesem Fall kauft ein Unternehmen A beim Lieferanten B ein und verkauft an einen Kunden C weiter, wobei die Ware direkt vom Lieferanten B zum Kunden C gesandt wird. Das beauftragende Unternehmen A erhält dabei die Ware gar nicht.

## 8.7 Produktionslogistik

### Funktionen/Aufgaben der Fertigungslogistik

Zu den Funktionen/Aufgaben der Fertigungslogistik zählen:

- Produktionsplanung und -steuerung
- Planung, Überwachung des innerbetrieblichen Materialflusses sowie exakte Zuteilung des Materials
- kurze Durchlaufzeiten u. optimale Kapazitätsauslastung gewähren

### Wertstromanalyse

Die **Wertstromanalyse** untersucht im 1. Schritt alle Prozesse im Rahmen des Materialflusses bzw. der logistischen Ketten hinsichtlich überflüssiger Tätigkeiten und Verschwendung. Ziele sind dabei die Reduzierung dieser im 2. Schritt, um a) die Durchlaufzeiten und b) die Bestände reduzieren zu können. Dabei werden wertschöpfende von nicht-wertschöpfenden Tätigkeiten unterschieden.

Zu den **nicht-wertschöpfenden Tätigkeiten** zählen:

- Verschwendung durch Ausschuss
- Verschwendung durch Überproduktion
- Verschwendung durch unnötige Transportabläufe
- Verschwendung durch überflüssige Lagerbestände
- Verschwendung durch mangelhafte Arbeitsplatzergonomie
- Verschwendung durch fehlerhafte Qualifizierung der Mitarbeiter.

Der Ursprung der Wertstromanalyse liegt beim großen japanischen Automobilhersteller Toyota, der auch maßgeblich zu den folgenden Konzepten beigetragen bzw. die betriebswirtschaftliche Welt um diese Erkenntnisse bereichert hat.

## Lean Production/Lean Management

Zu den interessantesten betriebswirtschaftlichen Innovationen zählt das Lean Management. Der Ursprung liegt in der Erkenntnis amerikanischer Ökonomen, dass die US-Automobilwirtschaft in den 80er Jahren des letzten Jahrhunderts nicht mit den japanischen Konkurrenten mithalten kann. Daher wurden diese (insbesondere Toyota) näher untersucht. Die wesentlichen Unterschiede wurden im Konzept der **Lean Production** zusammengefasst. Der Grundgedanke liegt im effizienten Einsatz der Produktionsfaktoren. Zu den wesentlichen Aspekten (bzw. damaligen Neuerungen) zählen:

- **Lieferantenorientierung**: enge Zusammenarbeit mit diesen, Outsourcing und damit geringe Fertigungstiefe.

- **Lieferantenpyramide**: konsequente Reduzierung der Anzahl der Lieferanten. Diese stellen nur die Spitze einer Pyramide von Lieferanten dar.

- **Lean Management**: Reduzierung der Hierarchiestufen im Unternehmen und damit flachere Hierarchien.

- **Kaizen: Kontinuierliche Verbesserungsprozesse (KVP)** in kleinen Schritten. Im Gegensatz zum US-amerikanischen »*Business Process Reengineering*«, das ein völliges Umkrempeln des Unternehmens vorsieht, sind hier andauernd kleine oder auch größere Verbesserungsschritte vorgesehen. Dazu zählt auch das **betriebliche Vorschlagswesen** sowie das **Total Quality Management**.

## 8.8 Distributionslogistik

### 8.8.1 Definition und Aufgaben

**Funktionen/Aufgaben der Distributionslogistik**

- Zwischenlagerung nach Fertigungsende
- Aufträge zur Auslagerung an den Kunden bearbeiten
- Kommissionierung der Ware, Ware verpacken und zum Transport bereitstellen (Frachtpapiere)
- Warentransport durchführen (vgl. Transportlogistik)
- diesbezüglichen Informationsfluss steuern

### 8.8.2 Grundsätze der Lagerhaltung

#### 8.8.2.1 Lagertypen und -techniken

**Grundlegende Fragen der Lagerhaltung**

- Welche Güter werden eingelagert?    F 2007 A3a-b 10 Pt.
- Wie sollen die Güter angeliefert werden (bspw. Bahn, LKW)?
- Soll eine zentrale oder dezentrale Lagerhaltung erfolgen? Wo sollen die Lager sein (bspw. geografische Nähe zu Lieferanten)?
- Soll eine chaotische Lagerung oder Festplatzlagerung erfolgen?
- Wie erfolgt die Auslagerung (Mann zu Ware od. Ware zu Mann)?
- Wie viele Lager sind vorgesehen? Welche Kapazitäten?
- Welche Infrastruktur ist erforderlich/vorhanden?
- Welche Anlieferungsmöglichkeiten sollen geschaffen werden?
- Welche Anlieferungskapazitäten sind notwendig?
- Welche Lagereinrichtungen sind vorhanden bzw. sind notwendig?

## Funktionen des Lagers

- **Ausgleichsfunktion im Eingang**: Sofern kein perfekter fertigungssynchroner Wareneingang stattfindet, entspricht der Materialverbrauch nicht dem Materialeingang. Das Lager gleicht diese Verbrauchsschwankungen aus.

- **Ausgleichsfunktion im Ausgang**: Entsprechendes gilt auch für den Warenausgang. Sofern die Fertigerzeugnisse nicht auf direkte Bestellung gefertigt (und sofort vom Fließband ab ausgeliefert), sondern auf Vorrat produziert werden, entsteht ein entsprechender Lagerbedarf für Endprodukte.

- **Sicherheitsfunktion**: Zusätzlich dient ein Lager auch zur Sicherheit bei unvorhersehbaren Ereignissen bei Liefer-/Bedarfsschwankungen (bspw. Lieferschwierigkeiten, Transportprobleme, Streiks beim Zulieferer).

- **Mengenfunktion**: Je größer das Lager ist, umso eher können Mengenvorteile beim Einkauf genutzt werden. Dem stehen als Zielkonflikt entsprechend höhere Lagerhaltungskosten entgegen.

- **Spekulationsfunktion**: Wenn bei bestimmten Materialien starke Preisschwankungen vorherrschen, kann bei günstigen Preisen ein entsprechender großer Vorrat im Lager angelegt werden.

- **Veredelungsfunktion**: Bestimmte Güter erlangen erst durch die Lagerung ihre entsprechende Güte bzw. Qualität. Dies gilt bspw. gerade im Handel für Obst und Gemüse.

## Verbrauchsfolgeverfahren

Zur **Bewertung des Materialverbrauchs** werden insbesondere die folgenden **Verbrauchsfolgeverfahren** verwendet:

- **Last-in-first-out** (LIFO): Hier wird bei der Bewertung davon ausgegangen, dass die zuletzt eingelieferten Zugänge zuerst verbraucht werden. Dies hätten wir im Lager bspw. dann, wenn Neuzugänge zuvorderst gelagert werden und zuerst entnommen werden. Nur dann sinnvoll, wenn die Artikel zeitunkritisch sind.

- **First-in-first-out** (FIFO): Hier wird bei der Bewertung davon ausgegangen, dass die zuerst angelieferten Zugänge zuerst verbraucht werden. Hier würden wie im Supermarkt die Neuzugänge hinten eingelagert und daher die Altbestände vorne zuerst entnommen. Dies ist bei Artikeln mit Mindesthaltbarkeitsdatum notwendig.

- **Highest-in-first-out** (HIFO): Es werden die am teuersten eingekauften Zugänge zuerst verbraucht.

### Lagerkosten und Risiken

Zu den **Lagerkosten** zählen: (1) Personal- und Maschinenkosten, (2) Lagermiete, Abschreibungen und Zinsen, (3) Lagerversicherungen, (4) Verwaltungskosten des Lagers und Energiekosten (heizen, kühlen, beleuchten, sichern). Ein zu hoher Lagerbestand hat folgende **Lagerrisiken**: (1) sinkende Preise im Einkauf und damit zu teurer früherer Einkauf, (2) Schwund, Verderb und Diebstahl, (3) Technische Neuerungen und damit Veralterung der gelagerten Güter.

### Kommissionierung

Die Zusammenstellung der verschiedenen Güter eines Kundenauftrags (bzw. der Rücksendung an Lieferanten) wird als Kommissionierung bezeichnet.

Den Stellenwert der Kommissionierung kann man sich am Besten anhand eines großen Onlineversenders vorstellen, bei dem die Kommissionierung einen erheblichen Anteil der Wertschöpfung des Unternehmens darstellt und deswegen entsprechend optimiert sein muss. Ziele sind dabei einerseits eine kundengerechte Zusammenstellung (mit möglichst wenigen Fehlern) und andererseits möglichst geringe Kosten.

## Lagerarten

Lager ist nicht gleich Lager. Je nach Gütern, Fertigungsverfahren, Kommissionierungsart etc. werden verschiedene Lager genutzt. Zu den wichtigsten Lagerformen/-arten zählen:

- **Blocklager**: Bei dieser einfachen Form der Lagerung werden die Güter aufeinander gestapelt.

| Vorteile | Nachteile |
|---|---|
| • sehr günstig | • nur für stapelbare Güter |
| • einfach und schnell umsetzbar | • nur für Lifo geeignet |

- **Einfache Regale/Fachbodenregale**: Für relativ kleine Mengen sind simple Regale denkbar.

| Vorteile | Nachteile |
|---|---|
| • günstig | • nur für kleine Mengen |
| • flexibel | • für Fifo ungeeignet |

- **Durchlaufregale**: Sie dienen zur Einlagerung in Regale nach dem Fifo-Prinzip. Dabei wird das Regal von der einen Seite gefüllt und die Entnahme erfolgt auf der anderen Seite.

| Vorteile | Nachteile |
|---|---|
| • günstig | • höherer Platzbedarf |
| • für Fifo-Prinzip geeignet | • geringere Flexibilität |

- **Palettenregale** für größere Mengen bestimmter Güter, die auf Paletten lager- und transportierbar sind.

| Vorteile | Nachteile |
|---|---|
| • für große Mengen geeignet | • nur für palettierbare Güter |
| • Raumausnutzung | |

- **Hochregallager**: Für noch größere Mengen in hohen Lagergebäuden sind Hochregallager geeignet. Diese ermöglichen bei einer chaotischen Lagerung eine optimale Nutzung der vorhandenen begrenzten Kapazitäten. Sie werden häufig vollautomatisch mit entsprechender technischer Ausstattung betrieben.

| Vorteile | Nachteile |
|---|---|
| • für sehr große Mengen<br>• optimale Nutzung des Raums<br>• für chaotische Lagerung<br>• für Fifo-Prinzip geeignet<br>• geringere Lagerkosten | • hohe Investitionskosten<br>• entsprechende technische Ausstattung erforderlich<br>• hoher Organisationsaufwand |

**Eigen- und Fremdlagerung**

Zunächst mag die Frage seltsam erscheinen. Trotzdem gibt es Situationen, in denen eine Fremdlagerung vorzuziehen ist. Betrachten wir hierzu die Vor- und Nachteile der Fremdlagerung:

| Fremdlagerung | |
|---|---|
| Vorteile | Nachteile |
| • bessere Lagerleistung des Fremdanbieters<br>• gerade bei starken Schwankungen evtl. Kostensenkung bei Fixkosten<br>• größeres Know-how | • Kosten<br>• Abhängigkeit<br>• ggf. Qualität<br>• Verlust von Know-how<br>• ggf. schlechterer Standort |

**Konsignationslager**

Für C-Artikel wird sehr häufig vom Lieferanten beim Kunden ein Lager unterhalten, das der Lieferant eigenständig nachfüllt. Der Kunde entnimmt bei Bedarf die C-Artikel und erst dann entstehen Kosten für den Kunden. **Vorteile**: (1) Dies reduziert die Verwaltungsaufwendungen für die relativ unbedeutenden C-Artikel. (2) Sicherung einer einfachen Materialversorgung. (3) Übertragung der Verantwortung auf den Lieferanten. (4) Zudem entfallen die Kapitalbindungskosten. **Nachteile**: Für diesen Service lässt sich der Lieferant entsprechend bezahlen, indem hier nicht die günstigsten Einkaufskonditionen erzielt werden können. Zudem entsteht durch die enge Zusammenarbeit eine gewisse Abhängigkeit vom Lieferanten.

## 8.8.2.2 Lagerkennzahlen

### Fall 8.11 — Lagerkennzahlen — Formeln

**Angaben:**

- Einstandspreis = 300 €
- Lagerzinssatz = 6 %
- Anfangsbestand = 500 St., Zugänge = 7.520 St.
- Quartalsendbestände = 550 St., 420 St., 510 St., 520 St.
- Jahresverbrauch = AB − EB + Zugänge = 7.500 St.

| F 2008 | A3a-c | 10 Pt. |
| H 2010 | A9a-c | 6 Pt. |
| F 2011 | A7a-b | 8 Pt. |
| H 2012 | A5c,e | 4 Pt. |
| H 2013 | A2a-b | 4 Pt. |
| F 2016 | A6a | 3 Pt. |
| F 2017 | A1a | 3 Pt. |
| F 2018 | A1c | 2 Pt. |

(8.29) $\varnothing$ Lagerbestand $= \dfrac{AB + SB}{2}$

(8.30) $\varnothing$ Lagerbestand $= \dfrac{AB + 4\ \text{Quartalsendbestände}}{5}$

$= \dfrac{500 + 550 + 420 + 510 + 520}{5} = 500$ St.

(8.31) $\varnothing$ Lagerbestand $= \dfrac{AB + 12\ \text{Monatsendbestände}}{13}$

(8.32) $\varnothing$ Lagerbestand $= \dfrac{\text{Bestellmenge}}{2} + \text{Sicherheitsbestand}$

(8.33) Umschlagshäufigkeit $= \dfrac{\text{Jahresverbrauch}}{\varnothing \text{Lagerbestand}} = \dfrac{7.500\ \text{St.}}{500\ \text{St.}} = 15$

(8.34) $\varnothing$ Lagerdauer $= \dfrac{360}{\text{Umschlagshäufigkeit}} = \dfrac{360\ \text{Tage}}{15} = 24$ Tage

(8.35) $\varnothing$ Kapitalbindung $= \varnothing$ Lagerbestand $\cdot$ Einstandspreis

$= 500\ \text{St.} \cdot 300\ \text{€/St.} = 150.000$ €

(8.36) Lagerzinsen $= \dfrac{\varnothing \text{Kapitalbindung} \cdot \text{Zinssatz} \cdot \varnothing \text{Lagerdauer}}{100\ \% \cdot 360\ \text{Tage}}$

$= \dfrac{150.000\ € \cdot 6\ \% \cdot 24\ \text{Tage}}{100\ \% \cdot 360\ \text{Tage}} = 600$ €

## Servicegrad & Termintreue

F 2019 A2a-b  9 Pt.

Die Lieferbereitschaft von Unternehmen wird anhand des **Lieferbereitschaftsgrads** (= **Servicegrad**) gemessen:

$$(8.37) \quad \text{Servicegrad} = \frac{\text{Anzahl der erfüllten Bedarfspositionen}}{\text{Anzahl aller Bedarfspositionen}} \cdot 100\,\%$$

Die Nachfrage nach Produkten durch Kunden (Bedarf der Kunden) kann somit durch Lagervorräte abgedeckt werden, die wiederum mit entsprechenden Lagerkosten verbunden sind.

Die **Termintreue** misst den prozentualen Anteil der termingerecht ausgelieferten Aufträge bezogen auf die Gesamtzahl aller Aufträge:

$$(8.38) \quad \text{Termingrad} = \frac{\text{Anzahl termingerecht ausgelieferter Aufträge}}{\text{Anzahl aller Aufträge}} \cdot 100\,\%$$

### 8.8.2.3 Inventurverfahren

Der Vorgang der körperlichen Bestandsaufnahme der Vermögensgegenstände und der Schulden wird als **Inventur** bezeichnet. Sie ist eine Voraussetzung für den Jahresabschluss. Bei den Vorräten ist die Inventur oft mit einem großen Arbeitsaufwand verbunden. Daher sind hier verschiedene Verfahren erlaubt, bspw.:

- **Stichtagsinventur:** Die Inventur wird zum Stichtag durchgeführt. Dies ist jedoch bei größeren Beständen oft gar nicht machbar.

- **Ausgeweitete bzw. zeitnahe Stichtagsinventur:** Es ist hier eine zeitnahe Inventur innerhalb von 10 Tagen vor oder nach dem Bilanzstichtag durchzuführen. Voraussetzung: Zu- und Abgänge müssen mengen- und wertmäßig zum Bilanzstichtag hin fortgeschrieben bzw. zurückgerechnet werden.

- **Permanente Inventur:** Bei der permanenten Inventur werden buchmäßig andauernd Zu- und Abgänge und daraus folgende Bestände festgehalten. Um Abweichungen auszuschließen, muss zumindest einmal im Jahr eine körperliche Inventur durchgeführt werden. Voraussetzung: Es muss eine (zumeist EDV-basierte) Bestandskartei geführt werden.

### 8.8.3 Versand

**Träger und Verantwortlichkeiten**

Zunächst müssen einige wichtige Begriffe definiert werden und dabei jeweils die Verantwortlichkeiten für die Versendung geklärt werden. Wer ist wofür verantwortlich?

- **Versender**: Er ist der Auftraggeber des Speditionsvertrags und dürfte im Normalfall dem Absender entsprechen.

- **Absender**: Er (der Lieferant) ist Auftraggeber der Versendung. Dieser ist laut **§ 411/412 HGB** verantwortlich für:
    - ordnungsgemäße Verpackung und Kennzeichnung
    - korrekte Beladung und Entladung beim Empfänger
    - korrekte Ausstellung des Frachtbriefs (er ist im internationalen Güterkraftverkehr vorgeschrieben) – für fehlerhafte Angaben auf dem Frachtbrief haftet der Absender

- **Verlader**: Er ist der Erfüllungsgehilfe des Absenders. Es handelt sich um die im Unternehmen des Absenders mit der Verladung der Güter verantwortlichen Mitarbeiter.

- **Frachtenvermittler**: Er vermittelt nur gegen Provision einen Vertrag zwischen Absender und Frachtführer. Er ist somit nicht Teil des Frachtvertrags.

- **Spediteur**: Der vom Absender mit der Beförderung der Güter beauftragte Unternehmer. Er kann gleichzeitig Frachtführer sein, muss es aber nicht.

- **Frachtführer**: Der Frachtführer ist der vom Absender oder Spediteur gegen Entgelt Beauftragte für den Versand der Güter gemäß **Frachtbrief** (auch wenn dieser fehlerhaft ist).

- **Fahrzeugführer**: Er ist der Erfüllungsgehilfe des Frachtführers und von diesem als Mitarbeiter zum Transport mit dem Fahrzeug (bspw. LKW) beauftragt.

- **Werkverkehr**: Es handelt sich um einen unternehmensinternen Transport von Gütern mit eigenem Personal zu eigenen Zwecken.

### Ablieferungshindernisse

- Der Frachtführer ist verpflichtet, bei Ablieferungshindernissen den Absender unverzüglich zu informieren und entsprechende Weisungen einzuholen (**§ 419 (1) HGB**). Versäumt er dies, ist er für die entstehenden Kosten selbst verantwortlich.
- Für eine den Umständen des Falles entsprechende Lade- oder Entladezeit kann der Frachtführer keine besondere Vergütung verlangen (**§ 412 (2) HGB**).
- Sofern der Frachtführer unverschuldet länger als die entsprechende Lade- oder Entladezeit warten muss, hat er Anspruch auf eine angemessene Vergütung (= **Standgeld**; **§ 412 (3) HGB**).

### Ladungssicherung

- Für die **Ladungssicherung** sind nach **§ 412 HGB** der Absender und der Frachtführer gemeinsam verantwortlich. Der Absender trägt dabei die Verantwortung für die beförderungssichere Verladung, der Frachtführer für den sicheren Transport mit Hilfe eines angemessen ausgestatteten Fahrzeugs (bspw. mit Gurten oder rutschsicheren Matten) und mit einem ordnungsgemäß ausgebildeten Fahrer. Der Fahrzeugführer trägt die Verantwortung für die betriebssichere Verladung, sofern er ordnungsgemäß ausgebildet ist und das Fahrzeug angemessen ausgestattet ist.
- Unter **formschlüssiger Ladungssicherung** wird die gleichmäßige Befüllung des Frachtraums bezeichnet, wodurch ein Verrutschen der Ware verhindert werden soll.

## 8.8.3.1 Verpackung

**Funktionen**

Zu den wesentlichen Funktionen der Verpackung zählen:

- **Schutzfunktion**: Schutz des Gutes vor Umwelteinflüssen.
- **Verkaufsfunktion**: Zur Steigerung des Absatzes müssen Güter ansprechend verpackt sein (vgl. Internetvideos zum Thema »Unboxing« von hochwertigen Smartphones etc.).
- **Informationsfunktion**: Verpackungen müssen derart gestaltet sein, dass sie Informationen über die Art und Menge des Inhalts sowie sonstige wichtige Informationen anzeigen (bspw. Lithium-Ionen-Batterien beinhaltend). Teilweise spielen gesetzliche Vorgaben eine Rolle: Inhaltsstoffe und Mindesthaltbarkeitsdatum bei Lebensmitteln. Zudem ist zumeist ein maschinenlesbarer Code für die weitere EDV-gestützte Logistik anzubringen.
- **Transportfunktion**: Alleine schon durch die Art der Verpackung (Form, Material, Gewicht, Griffe etc.) kann der Transport der Güter vereinfacht werden.

**Arten**

Es lassen sich verschieden Formen von Verpackungen unterscheiden:

- **Verkaufsverpackungen**: Hier steht neben dem Schutz und der Information die Verkaufsfunktion im Vordergrund. Der Kunde soll zum Kauf animiert werden (Verpackung für 1 l Milch).
- **Umverpackungen**: Dies sind zusätzliche Verpackungen, die dem Schutz und dem Transport diesen, aber nicht für den Endverbraucher gedacht sind (bspw. Karton für 12 Einzelverpackungen Milch).
- **Transportverpackungen**: Sie dienen dem leichteren Transport (bspw. Palette mit vielen Kartons je 12 Einzelverpackungen). Für

bestimmte Transportverpackungen (bspw. Europaletten) besteht eine Rücknahmeverpflichtung durch den Versender.

- **Einwegverpackungen**: Sie werden nicht zum Lieferanten zurückgesandt, haben daher den Nachteil der hohen Umweltbelastung.

- **Mehrwegverpackungen**: Aus ökologischen Gründen empfehlen sich Mehrwegverpackungen, die mehrfach genutzt werden und damit die natürlichen Ressourcen schonen, indem weniger Rohstoffe vergeudet werden und indem die Müllhalden nicht überflüssig wachsen. Zu den **Pendelverpackungen** zählen bspw. Gitterboxen, die zwischen den Unternehmen hin- und her *pendeln*.

### 8.8.3.2 Verkehrsträger

Zu den externen Transportwegen zählen in Abhängigkeit von der Art der Ware etc.:

| Straßengütertransport | |
|---|---|
| **Vorteile** | **Nachteile** |
| • flexibel<br>• nahezu flächendeckend<br>• von Haus-zu-Haus möglich<br>• geringe Kosten aufgrund des hohen Wettbewerbs<br>• gut für kurze/mittlere Strecken | • Zeit: Gefahr aufgrund von Staus und Witterung<br>• Fahrverbote an Sonn- und Feiertagen<br>• Lenk-/Ruhezeiten<br>• Umweltaspekte |

| Seeverkehr – (Binnen-/Hochsee-) Schifffahrt | |
|---|---|
| **Vorteile** | **Nachteile** |
| • niedrigste Kosten<br>• hohe Kapazität<br>• umweltfreundlich/sicher<br>• gut geeignet für Container oder Schüttgüter | • langsam<br>• Gefahr von Transportschäden: Witterung, Piraterie (Golf von Aden)<br>• Häfen erforderlich |

| Schienenverkehr ||
| --- | --- |
| Vorteile | Nachteile |
| • gut für große/sperrige Güter<br>• kostengünstig bei Massengütern<br>• viele Möglichkeiten<br>• Pünktlichkeit (keine Staus)<br>• Sicherheit/Umwelt | • geringe Flexibilität<br>• wenig Wettbewerb – Abhängigkeit von der Bahn<br>• Bindung ans Schienennetz<br>• international verschiedene Systeme (bspw. Spurbreite) |

| Luftfrachttransport ||
| --- | --- |
| Vorteile | Nachteile |
| • schnell<br>• zuverlässig und sicher<br>• weite Distanzen | • teuer<br>• begrenzte Mengen/Volumina<br>• Umladung ist aufwendiger<br>• Umwelt (Kerosinverbrauch)<br>• Flughäfen erforderlich |

### 8.8.3.3 Transportarten

**Ziele und Zielkonflikte des internen Materialflusses**

Zu den **Zielen** des internen Materialflusses zählen:

- Minimierung der Durchlaufzeiten
- Minimierung der Kosten
- möglichst hohe Qualität (Vermeidung von Schäden)

**Zielkonflikte**: Je stärker bspw. die Durchlaufzeiten reduziert werden, umso größer wird die Gefahr unsachgemäßer Handhabung der Materialien und Güter. Die Art des internen Transports hängt von folgenden **Faktoren** ab: (1) Fertigungsprinzip (bspw. Fließfertigung erfordert Stetigförderer), (2) Art und Menge des Materials und (3) Distanz des zu transportierenden Materials.

**Formen des internen Materialtransports**

- **Stetigförderer**: Das typische *Fließband* zählt hierzu (oder auch Rollbänder, Rohrleitungen/Pipelines). Zu den **Vorteilen** zählen Zuverlässigkeit, geringe Transportkosten und feste Taktzeiten. **Nachteile**: hohe Investitionskosten, geringe Flexibilität, Platzbedarf.

- **Unstetigförderer**: Diese sind nicht ortsgebunden und fixiert, sondern können flexibel eingesetzt werden – bspw. *Gabelstapler*, Kräne, Hubwagen, LKW. **Vorteile**: günstig und flexibel, geeignet für die Werkstattfertigung. **Nachteile**: geringere Förderkapazität, ungeeignet für Fließfertigung.

### 8.8.3.4 Transportversicherung

Zu den wichtigsten rechtlichen Regelungen bei Außenhandelsgeschäften zählen die Incoterms. (F 2013 A1 – 4 Pt.; H 2016 A3 – 6 Pt.) Diese **International Commercial Terms** konkretisieren und vereinheitlichen bestimmte rechtliche Aspekte bei Außenhandelsgeschäften. Es werden die folgenden Aspekte geregelt:

- Wer übernimmt die Transportkosten?
- Wer trägt die Kosten der Transportversicherungen?
- Wer trägt das Risiko der Beschädigung/des Untergangs der Güter?

Zu den Incoterms zählen u. a. die folgenden Varianten:

- **EXW** (ex works, ab Werk): Der Käufer trägt die gesamten Transportkosten und übernimmt das Risiko ab Werk. Der Verkäufer hat nur einwandfrei zu übergeben.
- **FCA** (free carrier, frei Frachtführer): Der Käufer trägt die Kosten und übernimmt das Risiko ab der Übergabe an den Frachtführer an einem bestimmten Ort.
- **FAS** (free alongside ship, frei Längsseite des Schiffs): Der Käufer trägt die Kosten und übernimmt das Risiko ab der Übergabe an den

Frachtführer im Hafen. Der Name resultiert aus der Tatsache, dass Frachtschiffe längsschiffs gelöscht (= entladen) werden.

- **FOB** (free on board, frei an Bord): Der Käufer trägt die Kosten und übernimmt das Risiko nach der Verladung auf das Schiff, d. h. die Verladung der Ware (Kosten und Risiko) zählt noch zu den Aufgaben des Verkäufers.

- **CFR** (cost, freight, Kosten und Fracht): Der Verkäufer trägt das Risiko und zudem die Kosten bis zur Verschiffung und muss zusätzlich die Frachtkosten übernehmen.

- **CIF** (cost, insurance, freight, Kosten, Versicherung und Fracht): Der Verkäufer trägt das Risiko und die Kosten bis zur Verschiffung und muss zusätzlich die Frachtkosten sowie die Kosten der Transportversicherung übernehmen.

- **CPT** (carriage paid to..., frachtfrei bis ...): Der Verkäufer trägt das Risiko und die Kosten bis zur Übergabe an den Frachtführer. Zudem übernimmt er wie beim CFR die Frachtkosten. Diese sind jedoch auf den Seeverkehr beschränkt, während CPT allgemein (LKW, Bahn, Flugzeug) gilt.

- **CIP** (carriage, insurance paid to..., frachtfrei versichert bis ...): Der Verkäufer trägt das Risiko und die Kosten bis zur Übergabe an den Frachtführer. Zudem übernimmt er wie beim CIF die Frachtkosten und Transportversicherung. Diese sind jedoch auf den Seeverkehr beschränkt, während CIP allgemein (LKW, Bahn, Flugzeug) gilt.

Zudem muss unterschieden werden zwischen:

- **Warentransportversicherung** bzw. **Cargoversicherung**: Versicherung der Transportgüter bzw. der Waren.

- **Kaskoversicherung** (spanisch: casco = Schiffsrumpf): Versicherung der Transportmittel (bspw. Schiff, LKW).

- **Frachtversicherung**: Versicherung des Frachtführers für den Transport.

## 8.9 Entsorgungslogistik

### 8.9.1 Definition und Aufgaben

**Objekte der Entsorgungslogistik (= Redistributionspolitik)**

Zu den Objekten der Entsorgungslogistik zählen:

- **Materialabfall**: Verschnitt, Muster oder Proben
- **Fertigungsausschuss**: Fehlproduktion, Qualitätsmängel
- **nicht-absetzbare Fertigerzeugnisse**: Nachfragemangel aufgrund von technischer Überholung bzw. Trendwechsel
- **Packmittel**: Verpackungsmaterial im Materialeingang und Rücklauf des Verpackungsmaterials von Kunden
- Abfälle aus der Nutzung anderer Güter (bspw. Maschinen): Altöl, vollständig abgenutzte Maschinen und Fahrzeuge

**Ziele nach § 6 des Kreislaufwirtschaftsgesetzes (KrWG)**

Primäres Ziel des Kreislaufwirtschaftsgesetzes (KrWG) ist die Minimierung des Ressourceneinsatzes je Produktionseinheit. Es gilt dabei folgende **Zielhierachie** im KrWG. Dabei sind die zuerst genannten Ziele der Abfallbewirtschaftung den darunter liegenden Zielen vorzuziehen (Erläuterungen im Anschluss):

1. Abfallvermeidung (inkl. Verminderung)
2. Vorbereitung der Wiederverwendung (Abfallbehandlung)
3. Recycling und sonstige Verwertung (Abfallbehandlung)
4. Abfallbeseitigung

Weitere Gründe für Unternehmen zum Schutz der Umwelt beizutragen: 1. Image des Unternehmens, 2. ein positives Image erhöht die Absatzchancen und 3. Kostensenkung durch Ressourceneinsparung.

## 8.9.2 Konzepte der Entsorgungslogistik

### Abfallvermeidung oder -minderung

Zur Vermeidung des Anfalls von Abfall gibt es viele Ansatzpunkte, hierzu zählen bspw.: 1. Mehrwegverpackung, 2. Produktdesign, -konstruktion zur Einsparung von Material.

### Abfallbehandlung bzw. Rückstandsnutzung

Formen der Abfallbehandlung bzw. des Recyclings:

- **Wiederverwendung**: Die Ressourcen werden aufbereitet und für den ursprünglichen Zweck genutzt. Bsp.: Recycling von Flaschen, die wieder als Flaschen genutzt werden, indem sie gereinigt werden.

- **Wiederverwertung**: Die Ressourcen werden verarbeitet und für den ursprünglichen Zweck genutzt. Bsp.: Recycling von Flaschen, die wieder als Flaschen genutzt werden, indem sie eingeschmolzen und zu neuen Flaschen transformiert werden.

- **Weiterverwendung**: Die Ressourcen werden für einen anderen Zweck aufbereitet. Bsp.: Essiggurkengläser werden gereinigt und für andere Produkte verwendet.

- **Weiterverwertung**: Die Ressourcen werden für einen anderen Zweck verarbeitet. Bsp.: Essiggurkengläser werden eingeschmolzen und zu anderen Produkten transformiert (Fensterglas).

### Abfallbeseitigung (fach- und sachgerechte Entsorgung)

Für die **Abfallbeseitigung** stehen ebenfalls verschiedene Möglichkeiten zur Verfügung: 1. Ablagerung auf Mülldeponien, 2. Verbrennung von Müll zur Energiegewinnung und 3. Emission von Stoffen in die Luft bzw. Gewässer (unerwünscht). Der Grundgedanke der **Zielhierarchie** im Kreislaufgesetz setzt die Abfallbehandlung über die Abfallbeseitigung. Daher sollte eine ordentliche Sammlung und Trennung des Abfalls erfolgen – für Nutzung und den zu beseitigenden Rest.

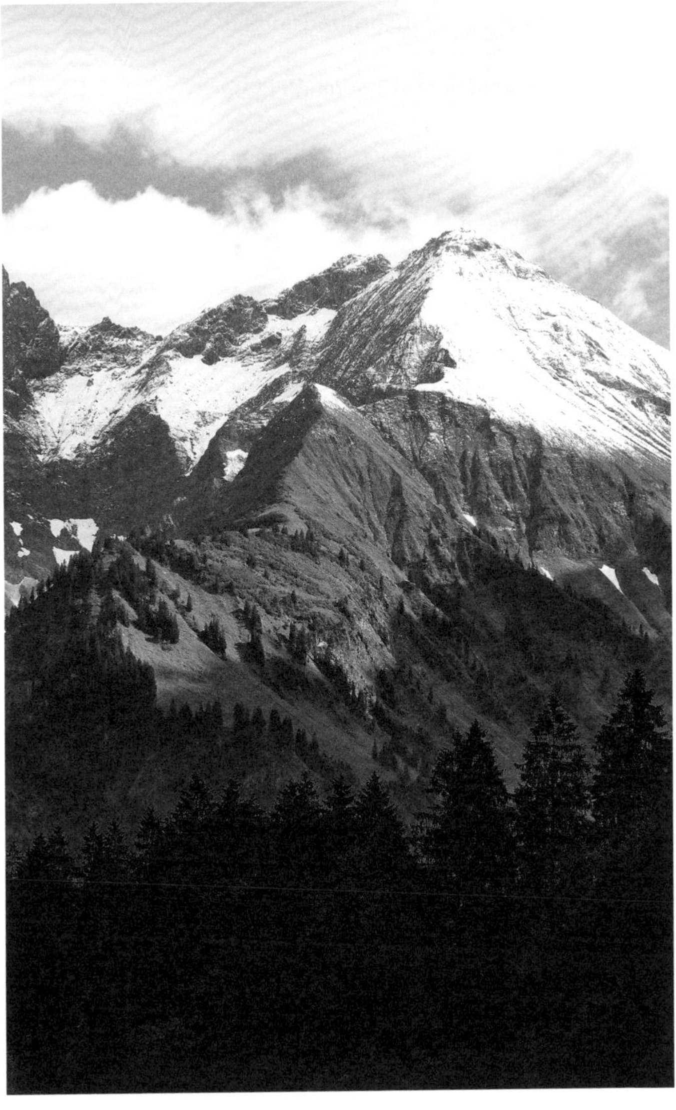

**Zum Inhalt der Anhänge:**

- Zu Beginn werden Ihnen **einige Tipps in Anhang A** gegeben.

- In Anhang B sind zwei **Prüfungssimulationen** (je 80 Pt.) enthalten. Die Aufgaben orientieren sich dabei vom Schwierigkeitsgrad, der Formulierung, der Punkte- und Stoffverteilung an den realen Prüfungsaufgaben. Jedoch ist der Umfang der Prüfungssimulationen mit 80 Pt. viel größer als in realen Prüfungen. Dort umfasst das Fach AML ca. 30 % bzw. 30 Pt. der Situationsaufgabe. Die 160 Punkte hier entsprechen somit dem AML-Umfang von etwas mehr als 5 Prüfungen.

- Die dazugehörigen Lösungen werden in Anhang C ausführlich dargelegt.

- Zum Schluss ist in **Anhang D** eine ausführliche Prüfungsstatistik beigefügt. Hier werden die einzelnen Aufgaben der letzten offiziell verfügbaren 25 Prüfungen (Frühjahr 2007 bis Frühjahr 2019) den einzelnen Rahmenstoffplanpunkten der IHK zugeordnet und statistisch in Bezug auf die Themen ausgewertet.

# Anhang A: Tipps zur Prüfung

**Was sollte ich in der Prüfung beachten?**

- Suchen Sie vor der Prüfung einen ruhigen Platz im Vorraum und versuchen Sie **innere Ruhe** zu finden. Lassen Sie sich nicht von den unruhigen Zeitgenossen nerven, die vor der Prüfung alle stressen.

- Gehen Sie **entspannt** und ruhig an den Ihnen zugewiesenen Platz.

- Zunächst sollten Sie die **gesamte Prüfung durchblättern**. Es kommt immer wieder vor, dass Prüflinge einzelne Aufgaben auf der letzten Seite nicht lösen, da sie diese übersehen haben – kein Scherz!

- Lösen Sie die Aufgaben eine nach der anderen. Die **Reihenfolge** hierfür ist jedoch egal.

- Alle Aufgaben sollten in den Lösungsblättern **zusammenhängend** gelöst werden.

- Sollten Sie nach der Bearbeitung weiterer Aufgaben noch etwas in eine zuvor gelöste Aufgabe einfügen wollen und es fehlt der nötige Platz, können Sie das natürlich weiter hinten einfügen. **Wichtig:** Sie müssen aber unbedingt in der vorderen Lösung einen Verweis auf die weitere Lösung mit deren Seitenzahl einfügen. Der Korrektor ist eher wohlwollend gestimmt. Sie sollten ihn aber nicht unnötig verärgern.

- Es sollte eigentlich klar sein, dass Sie sich keinen Gefallen tun, wenn Sie dem Korrektor die Arbeit durch **unlesbare oder schlecht strukturierte Lösungen** erschweren.

- Verwenden Sie für jede neue Aufgabe jeweils eine neue Seite.

- Sie müssen die Aufgabennummern auf das jeweilige Blatt schreiben.

- Es kann allerdings in allen Fächern mal zu **neuen, unerwarteten Aufgabentypen** kommen (es muss halt immer ein erstes Mal geben). Aber es wird wohl kaum die Mehrzahl der Aufgaben sein.

# 10 Tipps zur Fehlervermeidung in Prüfungen

1. **Gehen Sie nur auf den gestellten Arbeitsauftrag ein.**

   Zusätzliches Wissen, das nicht zur Frage passt, interessiert nicht.

2. **Achten Sie auf die Signalworte des Arbeitsauftrags.**

   Die Fragestellung beinhaltet neben sachlichen Informationen auch Signalworte zur Bearbeitung:

   a) »*Nennen Sie ...*«, »*Zählen Sie folgende ... auf ...*« usw.: Sie müssen die Begriffe nur auflisten, ohne diese zu erläutern/beschreiben.

   b) »*Erläutern Sie ...*«, »*Beschreiben Sie ...*«, »*Erörtern Sie ...*« usw.: Hier müssen Sie eben in ganzen Sätzen erläutern, beschreiben usw.

   c) »*Ermitteln Sie ...*«, »*Berechnen Sie ...*« usw.: In diesen Fällen müssen Sie Ihr Wissen anwenden.

3. **Ihre Lösung sollte aus vollständigen Sätzen bestehen.**

   Sofern Ihre Arbeitsaufträge im »beschreiben«, »erläutern« usw. liegen, müssen Sie in ganzen Sätzen antworten.

4. **Beispiele sind keine Erläuterung.**

5. **Vergessen Sie den zweiten Arbeitsauftrag nicht.**

   Es kommt vor, dass in Aufgaben mehrere Teilaufgaben innerhalb eines Aufgabenteils zu lösen sind. Es erstaunt immer, wie viele Prüfungsteilnehmer den zweiten Teil bei solchen Fragen vergessen.

6. **Achten Sie bei Fragen nach Vor- und Nachteilen darauf, auf wen sich diese beziehen sollen.**

7. **Sie müssen Abbildungen immer vollständig benennen/zeichnen.**

8. **Sie müssen korrekte Begriffe verwenden.**

   Häufig werden ähnlich klingende, aber falsche Begriffe verwendet.

9. **Geben Sie allgemein verständliche Lösungen.**

   Sie dürfen nicht davon ausgehen, dass der Korrektor ohnehin weiß, was gemeint ist, wenn Sie irgendwelche Stichworte geben.

10. **Nutzen Sie bekannte Lösungsschemen.**

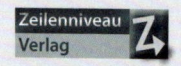

# Anhang B: Prüfungssimulationen

**Fallstudie bzw. Ausgangssituation zu allen Aufgaben:**

Die *Skifuntech GmbH* ist ein Hersteller hochwertiger und trendiger Skier aus Oberstdorf im Allgäu. Das Unternehmen strebt nach hoher Produkt- und Prozessqualität und wurde 1997 von den beiden befreundeten Ingenieuren Joachim Huber & Nils Bernauer gegründet:

- Zu den Kunden zählen große Handelsketten, aber auch zahlreiche kleine und mittelgroße Sportgeschäfte (vorwiegend in Europa).

- Insgesamt hat das Unternehmen ca. 150 Mitarbeiter (davon 35 Vertriebsmitarbeiter).

- Die beiden Gründer und Geschäftsführer sind von ihrer Entscheidungskompetenz überzeugt und gerade der 5 Jahre ältere Joachim Huber lässt den Abteilungsleitern wenig Spielraum und vertritt einen strikt autoritären Führungsstil. Nils Bernauer plädiert für einen kooperativeren Führungsstil im gesamten Unternehmen.

- Für gewöhnlich kommen jedes Jahr neue Modelle auf den Markt.

- In allen Tests zur Sicherheit erhalten die Skier Bestnoten.

- In jüngster Zeit nimmt die Konkurrenz aus benachbarten Alpenländern zu, die einige Produkte weitgehend identisch und ebenfalls auf qualitativ hochwertigem Niveau fertigen können.

- Joachim Huber strebt eine möglichst schnelle Expansion des Vertriebs in die USA an. In den USA zählt das Label »Made in Germany« viel, jedoch ist dort die Konkurrenz trendiger Hersteller groß.

- Nils Bernauer sieht günstige Chancen eher in einer Ausdehnung des Sortiments auf Snowboards, Langlaufskier und Skibindungen. Teilweise fehlt hier das Expertenwissen. Es könnte aber zu vielen Synergieeffekten kommen.

## Prüfungssimulation 1: Marketing (insgesamt 80 Punkte)

1. Zu lange hat sich die *Skifuntech GmbH* auf ihre Kernkompetenz verlassen – den Vertrieb hochwertiger Skier in Europa. Die zunehmende Konkurrenz bereitet große Sorgen und erfordert ein radikales Umdenken. Sie werden im Unternehmen damit beauftragt, mögliche alternative Strategien zu erarbeiten. (Σ = 12 Punkte)

    a) Stellen Sie unter Zuhilfenahme der Produkt-Markt-Matrix nach Ansoff mögliche Strategien des Unternehmens vor. Erläutern Sie, inwiefern die vier Strategien für die *Skifuntech GmbH* geeignet sind. **(8 Pt.)**

    b) Bevor wir uns endgültig für eine geeignete Strategie entscheiden können, bedarf es einer genauen Marktforschung. Erläutern Sie den Unterschied zwischen primärer und sekundärer Marktforschung und nennen Sie jeweils ein Beispiel. **(4 Pt.)**

2. Wenn sich die *Skifuntech GmbH* für eine neue Strategie entschieden hat, bedarf es geeigneter Werbemaßnahmen. In unserer Fallstudie gehen wir davon aus, dass sich die Geschäftsführung für eine Marktentwicklungsstrategie in den USA entschieden habe. (Σ = 8 Punkte)

    a) Erläutern Sie jeweils zwei geeignete Werbeträger und -mittel für eine Marktentwicklungsstrategie in den USA. **(4 Pt.)**

    b) Stellen Sie vier Elemente eines Werbeplans für die *Skifuntech GmbH* vor. **(4 Pt.)**

3. Für die anstehende Expansion des Unternehmens strebt die *Skifuntech GmbH* eine Umgestaltung der Vertriebsorganisation an. Bisher erfolgt die Einteilung des Vertriebs anhand der verschiedenen Absatzländer Deutschland, Österreich und Schweiz. (Σ = 12 Punkte)

    a) Bestimmen Sie die bisherige Form der Vertriebsorganisation und ergänzen sie diese um zwei alternative Formen. Entscheiden Sie sich für eine Variante bei einer Ausdehnung des Sortiments um Snowboards, Skibindungen etc. **(6 Pt.)**

b) Die anstehende Expansion des Sortiments erfordert einen höheren Anspruch an die Außendienstmitarbeiter. Erläutern Sie drei verschiedene Möglichkeiten, die Außendienstmitarbeiter zu motivieren. **(6 Pt.)**

4. Sofern die geplante Expansion der *Skifuntech GmbH* auf ein wesentlich breiteres Sortiment stattfindet, wird ein funktionierendes Vertriebscontrolling benötigt. **(Σ = 8 Punkte)**

   a) Beschreiben Sie drei Vertriebskennzahlen, die zukünftig eingesetzt werden könnten. **(4 Pt.)**

   b) Erläutern Sie im Hinblick auf die geplante Expansion der *Skifuntech GmbH* den Unterschied zwischen der strategischen und der operativen Absatzplanung. **(4 Pt.)**

5. Zur Steigerung der Rentabilität werden in der Geschäftsführung der *Skifuntech GmbH* verschiedene Preisstrategien diskutiert. Neben Formen der Preisdifferenzierung stellt sich die Frage nach der Preisgestaltung bei der Einführung neuer Produkte. **(Σ = 8 Punkte)**

   a) Stellen Sie vier realisierbare Formen der Preisdifferenzierung für die *Skifuntech GmbH* vor. **(4 Pt.)**

   b) Die Einführung eines neuen hochwertigen Skis steht bevor. Sie sollen der Geschäftsführung nun eine Abwägung zwischen der *Penetrationsstrategie* und der *Skimmingstrategie* vorlegen. **(4 Pt.)**

6. Für den Vertrieb der *Skifuntech GmbH* in den USA wird der Einsatz von Handelsreisenden oder Handelsvertretern diskutiert. Es wird im ersten Jahr ein Umsatz von 1,2 Mio. $ erwartet. Langfristig wird ein deutlich höherer Umsatz (> 2 Mio. $) erwartet. **(Σ = 12 Punkte)**

   - Handelsreisende würden ein Monatsgehalt von 4.000 $ + 1 % Umsatzprovision erhalten.

   - Handelsvertreter würden hingegen eine Umsatzprovision von 3,5 % bekommen.

a) Erläutern Sie anhand von 4 Aspekten den Unterschied zwischen Handelsreisenden und Handelsvertretern. **(4 Pt.)**

b) Berechnen Sie die durchschnittlichen monatlichen Kosten für die beiden Varianten im 1. Jahr und treffen Sie eine begründete Entscheidung für das 1. Jahr. **(4 Pt.)**

c) Ermitteln Sie anhand einer nachvollziehbaren Berechnung den jährlichen Umsatz, bei dem die Kosten der beiden Varianten gleich wären. **(3 Pt.)**

d) Erläutern Sie, wen Sie langfristig vorziehen würden. **(1 Pt.)**

7. Nicht erst durch die mögliche Expansion in die USA wird sich die Geschäftsführung der *Skifuntech GmbH* der möglichen Probleme des Wettbewerbs- und Markenrechts bewusst. **(Σ = 10 Punkte)**

    a) Ein österreichischer Konkurrent behauptete unlängst in einem Inserat einer deutschen Fachzeitschrift, dass die Verletzungsgefahr mit unseren Skiern um 200 % größer sei, als mit den eigenen Fabrikaten. Nehmen Sie hierzu kritisch Stellung. **(4 Pt.)**

    b) Erläutern Sie drei Formen der gewerblichen Schutzrechte. **(6 Pt.)**

8. Es zeigt sich in zunehmendem Maße, wie wichtig eine enge Zusammenarbeit sowohl mit den gewerblichen Abnehmern als auch mit den Endverbrauchern ist. **(Σ = 10 Punkte)**

    a) Erläutern Sie die Zielsetzung des »Customer-Relationship-Managements (CRM)«. **(3 Pt.)**

    b) Stellen Sie die vier Stufen eines CRM-Systems vor. **(4 Pt.)**

    c) Erläutern Sie den Begriff »Multi-Channel-Sale« und nennen Sie jeweils einen Vor- und einen Nachteil. **(3 Pt.)**

## Prüfungssimulation 2: Logistik (insgesamt 80 Punkte)

1. Im Laufe der vergangenen Monate wurden bei der *FS Druck AG* mehrfach Probleme bei der Beschaffung und der Verfügbarkeit der Materialien festgestellt. Insbesondere die Druckfarben bereiteten dabei größere Sorgen. **(Σ = 10 Punkte)**

   a) Beschreiben Sie die einzelnen Schritte eines idealtypischen Ablaufs des Beschaffungsprozesses in einem Unternehmen. **(4 Pt.)**

   b) Erläutern Sie zwei grundlegende Beschaffungsstrategien für unser Unternehmen. Gehen Sie dabei jeweils konkret auf eine zu beschaffende Materialart ein. **(4 Pt.)**

   c) Unterscheiden Sie zwischen »Just-in-time-Fertigung« und »Just-in-sequence-Fertigung«. **(2 Pt.)**

2. Die Geschäftsführung der *FS Druck AG* zeigt sich aufgeschlossen gegenüber Neuerungen. In diesem Zusammenhang wird auch über das Kanban-System diskutiert. **(Σ = 6 Punkte)**

   a) Erläutern Sie kurz das Kanban-System. **(2 Pt.)**

   b) Nennen Sie jeweils zwei Vor- und Nachteile des Systems. **(4 Pt.)**

3. Die *FS Druck AG* beauftragt, wie häufig zuvor, die Spedition SchNELLer GmbH mit dem Versand einer großen Menge Drucksachen zur Yep GmbH. Der Versand erfolgt auf 6 großen Paletten, die aber irrtümlich mit einem falsch ausgestellten Frachtbrief an den Fahrer der SchNELLer GmbH übergeben wird. Als Lieferort wird fälschlicherweise eine 55 km von der Zentrale der Yep GmbH entfernte Zweigniederlassung genannt. Der Fahrer liefert entsprechend an die falsche Adresse. **(Σ = 4 Punkte)**

   a) Erläutern Sie, wer nun die Verantwortung für den falsch ausgestellten Frachtbrief trägt. **(2 Pt.)**

   b) Erläutern Sie, an welche Adresse der Frachtführer die Ware zu liefern hat. **(2 Pt.)**

   **Hinweis:** Eine Nennung der Paragrafen ist nicht erforderlich.

4. Die *FS Druck AG* ist eine mittelständische Druckerei mit Sitz in der oberschwäbischen Stadt Ravensburg. Das dynamisch wachsende Unternehmen ist seit kurzer Zeit bestrebt, die logistischen Prozesse zu optimieren. Zu diesem Zweck werden alle bestehenden Prozesse einer Prüfung unterzogen. (Σ = 8 Punkte)

   a) Beschreiben Sie drei Funktionsbereiche der Logistik. **(3 Pt.)**

   b) Nennen Sie drei internationale Trends der Logistik. **(3 Pt.)**

   c) Erläutern Sie den Begriff Outsourcing. **(2 Pt.)**

5. Für den Papiertypus XR25P möchte die *FS Druck AG* die optimale Bestellmenge ermitteln. (Σ = 12 Punkte)

   a) Erläutern Sie die grundsätzliche Zielsetzung bei der Ermittlung der optimalen Bestellmenge. **(3 Pt.)**

   b) Ermitteln Sie die optimale Bestellmenge sowie die Anzahl der dann notwendigen jährlichen Bestellungen: **(3 Pt.)**

   - Jahresbedarf = 750 Paletten
   - Bezugspreis pro Palette = 300 € je Palette
   - Bestellkosten je Bestellvorgang = 27 €
   - Lagerhaltungskostensatz = 15 %

   c) Berechnen Sie das Kosteneinsparpotenzial bei Nutzung der optimalen Bestellmengen verglichen mit der bisherigen Situation, in der alle 2 Monate bestellt wird. **(6 Pt.)**

6. Zwar lag der Schwerpunkt der *FS Druck AG* bisher sowohl in der Beschaffung als auch im Absatz im Inland. Längerfristig soll beides auch international erfolgen. Sie werden als Controller beauftragt, eine Analyse der Incoterms vorzunehmen. (Σ = 10 Punkte)

   a) Erläutern Sie zwei grundlegende Aspekte bei der Frage nach der Auswahl verschiedener Incoterms. **(2 Pt.)**

   b) Erläutern Sie drei verschiedene Incoterms, die sich auf den internationalen Schiffsverkehr beziehen. **(6 Pt.)**

   c) Die *FS Druck AG* druckt Schulbücher für das Sultanat Oman. Schildern Sie den Transportweg von Ravensburg nach Oman und die dabei verwendeten Transportmittel. **(2 Pt.)**

7. Die Materialbeschaffung der *FS Druck AG* konzentrierte sich bisher je nach Material auf einen oder zwei regionale Lieferanten. Zudem lässt das Unternehmen bisher die Buchbindung durch einen externen Dienstleister durchführen. (Σ = 12 Punkte)

   a) Erläutern Sie jeweils zwei Vor- und zwei Nachteile der Konzentration auf einen Lieferanten. Nennen Sie den diesbezüglichen Fachbegriff für diese Strategie. **(4 Pt.)**

   b) Erläutern Sie jeweils zwei mögliche Vor- und Nachteile der Fremdvergabe der Buchbindung. **(4 Pt.)**

   c) Nennen und erläutern Sie zwei weitere mögliche Sourcingstrategien für unser Unternehmen. **(4 Pt.)**

8. Für den derzeitigen unzuverlässigen Hauptlieferanten der *FS Druck AG* im Bereich der Druckmaterialien wird eine langfristige Alternative gesucht. Die Geschäftsleitung beauftragt Sie, anhand einer Nutzwertanalyse eine Entscheidung vorzubereiten. Zu Auswahl stehen drei Lieferanten, die anhand der Kriterien der folgenden Tabelle beurteilt werden sollen. (Σ = 10 Punkte)

   Für die Gewichtung der Kriterien gelten folgende Regeln:

   - Die Qualität und der Service zählen jeweils doppelt so stark wie die Flexibilität.

- Zusammen gehen der Service und die Flexibilität mit 36 % Prozent in die Wertung ein.
- Der Preis steht zu den Kontrollkosten im Verhältnis 3 : 1.

a) Ermitteln Sie anhand einer Nutzwertanalyse für welchen Lieferanten sich die *FS Druck AG* entscheiden sollte. Dabei sind die Punkte in der Tabelle schon vorgegeben. Verwenden Sie hierfür die Tabelle auf der nächsten Seite. **(6 Pt.)**

b) Berechnen Sie, inwiefern die beiden folgenden Vorgaben des Einkaufsleiters erfüllt werden: **(4 Pt.)**

- Der Bestplatzierte sollte mindestens 10 Prozent besser als der Zweitplatzierte sein.
- Es wird ein Ergebnis von mindestens 65 Prozent der möglichen Punkte erwartet.

| Nutzwertanalyse |       | Lieferant N |      | Lieferant M |      | Lieferant O |      |
|-----------------|-------|-------------|------|-------------|------|-------------|------|
| Kriterium       | Gew.  | Note        | Wert | Note        | Wert | Note        | Wert |
| Preis           |       | 9           |      | 5           |      | 7           |      |
| Kontrollkosten  |       | 3           |      | 8           |      | 6           |      |
| Qualität        |       | 3           |      | 10          |      | 7           |      |
| Service         |       | 5           |      | 8           |      | 6           |      |
| Flexibilität    |       | 8           |      | 2           |      | 5           |      |
| Gesamtnote      |       |             |      |             |      |             |      |

9. Für die Erstellung eines komplexen Endprodukts (E1) im Bereich der werbewirksamen Stellwände benötigt die *FS Druck AG* insgesamt 3 Baugruppen (BG 1 bis BG 3) sowie die 4 Teile (T1-T4). Es liegen zudem die Angaben unten vor. ($\Sigma$ = 8 Punkte)

a) Erstellen Sie eine Mengenstückliste für die Teile 1 bis 4. **(2 Pt.)**

b) Ermitteln Sie sowohl den Bruttobedarf als auch den Nettobedarf der Teile T1 bis T4 bei einem Bruttobedarf von 100 Stück des Endprodukts E1. **(6 Pt.)**

| Bezeichnung | Lagerbestände | Mindestbestand | Reservierung |
|---|---|---|---|
| E 1 | 0 | – | – |
| BG 1 | 50 | – | – |
| BG 2 | 0 | – | – |
| BG 3 | 50 | 10 | 15 |
| T 1 | 500 | 150 | – |
| T 2 | 500 | 150 | 50 |
| T 3 | 1.000 | 300 | 150 |
| T 4 | 1.000 | 300 | 50 |

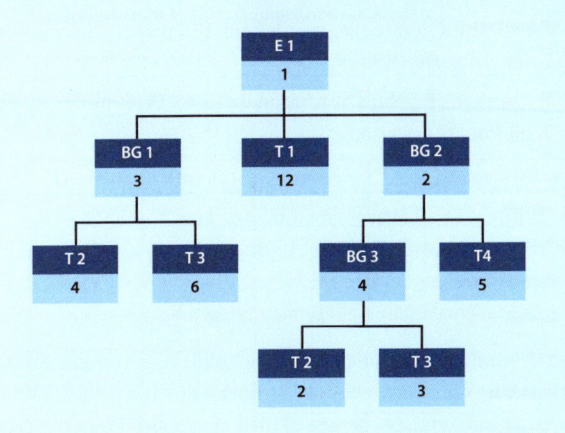

```
                    ┌──────┐
                    │ E 1  │
                    │  1   │
                    └──┬───┘
         ┌─────────────┼─────────────┐
      ┌──┴───┐      ┌──┴───┐      ┌──┴───┐
      │ BG 1 │      │ T 1  │      │ BG 2 │
      │  3   │      │ 12   │      │  2   │
      └──┬───┘      └──────┘      └──┬───┘
    ┌────┴────┐                 ┌────┴────┐
 ┌──┴───┐ ┌──┴───┐           ┌──┴───┐ ┌──┴───┐
 │ T 2  │ │ T 3  │           │ BG 3 │ │ T 4  │
 │  4   │ │  6   │           │  4   │ │  5   │
 └──────┘ └──────┘           └──┬───┘ └──────┘
                            ┌────┴────┐
                         ┌──┴───┐ ┌──┴───┐
                         │ T 2  │ │ T 3  │
                         │  2   │ │  3   │
                         └──────┘ └──────┘
```

# Anhang C: Lösungen

## Zur Prüfungssimulation 1: Marketing (insgesamt 80 Punkte)

### 1. RSP 8 (12 Punkte)

a) Es ergeben sich mit Hilfe der Ansoff-Matrix die folgenden vier grundlegenden Strategien:

| Produkt \ Markt | alt bzw. vorhanden | neu |
|---|---|---|
| alt bzw. vorhanden | **1. Marktdurchdringung:** bspw. durch eine Niedrigpreisstrategie für Skier | **2. Marktentwicklung:** bspw. Erschließung des US-Marktes |
| neu | **3. Produktentwicklung:** bspw. Sortimentserweiterung (bspw. Snowboards) | **4. Diversifikation:** bspw. Snowboards im US-Markt |

zu 1. Marktdurchdringung: im Fall der *Skifuntech GmbH* eher unrealistisch. Das Unternehmen besetzt eine Nische. Der Massenmarkt für günstige Skier ist längst durch größere Konkurrenten besetzt. Besserer Service etc. bieten auch kaum Chancen, da sich diese Merkmale schon auf hohem Niveau befinden.

zu 2. Marktentwicklung: Dies hängt ganz klar von der Konkurrenzsituation in den USA ab. Es dürfte durch das Qualitätslabel »Made in Germany« gerade aktuell ein großes Potenzial geben. Jedoch sind in den USA genügend trendige Konkurrenten auf dem Markt. Folglich muss der zukünftige Fokus neben Qualität verstärkt auf Optik und Trend liegen. Durch den größeren Absatzmarkt könnten die Stückkosten gesenkt werden (Fixkostendegression und sinkende Beschaffungskosten). Also eine durchaus chancenreiche, aber auch anspruchsvolle Aufgabe.

zu 3. Produktentwicklung: Die Erweiterung des Sortiments um Snowboards, Langlaufskier etc. bietet natürlich ein großes Potenzial. Vorteilhaft sind die Synergieeffekte bei der Herstellung von Skiern und Snowboards. Nachteilig sind das teilweise fehlende Know-how in unserem Unternehmen. Es müssten neue Mitarbeiter angeworben werden, was beim aktuellen Facharbeitermangel schwer fallen dürfte. Letztlich eine riskante Strategie.

zu 4. Diversifikation: In neue Märkte gehen und gleichzeitig neue Produkte zu entwickeln, überfordert unser kleines Unternehmen und ist undurchführbar.

b) Siehe folgende Tabelle:

| Primärforschung | Sekundärforschung |
| --- | --- |
| Feldforschung (**field research**) durch erstmalige Ermittlung von Daten durch Befragungen, Interviews, Tests, Beobachtungen und Panels. | Verarbeitung vorhandener Daten: Statistisches Bundesamt, Verbände, Internet, Fachzeitschriften usw. (**desk research**) |

2. RSP 8 (8 Punkte)

a) Es muss die enorme Streuwirkung der Werbung in den USA bedacht werden. Als Werbeträger/-mittel bieten sich die in der Tabelle genannten an. Die jeweilige Wahl sollte erläutert werden. Nicht sinnvoll wären bspw. Fernsehwerbung oder Werbung an Gebäuden aufgrund des zu großen Streukreises.

| Werbeträger | Werbemittel |
| --- | --- |
| Zeitung, (Fach-) Zeitschriften: Ski-Fachzeitschriften | Inserate, Anzeigen |
| Internet: gerade in einem neuen Markt sinnvoll, da hier kostengünstig und gezielt mögliche Kunden angesprochen werden können | Weblinks, Anzeigen |
| Verkaufswerbung am Point of Sale direkt in Sportgeschäften - direkte Kundenansprache | Display, Plakate, Poster, Visitenkarten, Verkaufsgespräche |

b) Zu den wesentlichen Elementen eines Werbeplans für die *Skifuntech GmbH* zählen bei der Markteinführung in den USA:

- Werbeziel: Produkteinführung, Gewinnung neuer Kunden in den USA.
- Werbeobjekt: die Produktgruppe Skier.

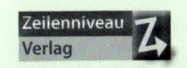

- Zielgruppe bzw. Streukreis: Endverbraucher (junge, zahlungskräftige Kunden).
- Werbebotschaft/-inhalt: qualitativ hochwertiges und trendiges Produkt (Skier) Made in Germany
- Werbegebiet: zunächst nur bestimmte Bundesstaaten mit Skigebieten bzw. via Internet landesweit.

3. RSP 8 **(12 Punkte)**

a) Zur Auswahl stehen grundsätzlich die folgenden Formen:

- Bisher handelt es sich um eine Regionalorganisation, die räumlich bzw. geografisch gegliedert ist.
- Funktionsbereiche des Vertriebs: Gliederung des Vertriebs nach Verrichtungen, die zusammengefasst werden, bspw. Werbung, Vertriebscontrolling, Produktpräsentation in Verkaufsräumen, Außendienst, Service und Auslieferung.
- Einteilung nach Produkten/Produktgruppen: Skier, Snowboards, Skibindungen etc.
- Es kann auch nach Kundengruppen geordnet werden (bspw. Privat-/Geschäftskunden, Key-Account-Management).
- Fazit: Bei einer geplanten Ausdehnung des Sortiments erscheint eine Produktorientierung sehr sinnvoll zu sein.

b) Es wird zwischen monetären und nicht-monetären Anreizen unterschieden:

- Umsatzprovision; Betriebsrenten
- Abschlussprämien bei der Neukundenakquisition;
- Zielvereinbarungen: Prämien bei bestimmten Umsatzzielen
- Verkaufs- und Produktschulungen
- Incentives (Anreize): Lob/Anerkennung, Karrierechancen eröffnen, gehobener Dienstwagen, Betriebskindergarten usw.

4. RSP 8 (8 Punkte)

   a) Zu den möglichen Vertriebskennzahlen zählen:

   - Absatzmengen, Umsatz, Deckungsbeitrag und Gewinn je Verkaufsgebiet, je Filiale, je Produkt/Produktgruppe oder je Kunde oder Kundengruppe.
   - Anzahl Neukunden (ggf. in Relation zum Gesamtbestand an Kunden).
   - Auftragseingänge je Zeiteinheit (Jahr, Quartal, Monat).
   - Kundenstruktur durch ABC-Kundenanalyse ermitteln, um A-Kunden zu fördern und ggf. C-Kunden herauszufiltern.

   b) Die Absatzplanung ist ein Teil des Vertriebscontrollings und kann wie folgt unterteilt werden:

   - Die strategische Absatzplanung ist langfristig ausgerichtet. Hier geht es darum, zu planen, welche Produkte/Produktgruppen (SGF) an welche Kunden/Kundengruppen in welchen Regionen verkauft werden sollen.
   - Die operative Absatzplanung ist kurzfristig ausgerichtet und konkretisiert die strategische Planung durch bspw. Preispolitik bei den verschiedenen Produkten, Kunden und Regionen.

5. RSP 8 (8 Punkte)

   a) Folgende Formen der Preisdifferenzierung wären für die *Skifuntech GmbH* denkbar:

   - mengenbezogene Preisdifferenzierung: Händler, die größere Mengen kaufen, erhalten einen Mengenrabatt.
   - zeitliche Preisdifferenzierung: Es können je nach Haupt- oder Nebensaison unterschiedliche Preise angesetzt werden.
   - räumliche Preisdifferenzierung: Es könnten bspw. bei Händlern in Norddeutschland höhere Preise angesetzt werden, da hier die Konkurrenz geringer sein dürfte.

- leistungsbezogene Preisdifferenzierung: Die Skier könnten weiter differenziert werden, um hochpreisige und günstigere Varianten anzubieten.

b) Für dieses Produkt ist eindeutig die Skimmingstrategie zu bevorzugen.

- Penetrationstrategie: Einführungsphase durch niedrige Preise. Schrittweise könnten in der Wachstumsphase die Preise erhöht werden. Da jedes Jahr neue Modelle auf den Markt kommen, ist diese Strategie nicht sinnvoll bzw. unrealistisch.
- Skimmingstrategie: Diese »Abschöpfungsstrategie« versucht durch hohe Preise in der Einführungsphase einen möglichst großen Gewinn zu Beginn abzuschöpfen, der Preis kann dann gesenkt werden, insbesondere bei Einführung des Folgemodells.

6. RSP 8 (12 Punkte)

a) Zu den Unterschieden vgl. folgende Tabelle:

| Kriterium | Handelsreisender | Handelsvertreter |
|---|---|---|
| Stellung zum Hersteller | intern: angestellter Mitarbeiter | extern: selbstständiger Unternehmer |
| Spezialisierung | verkauft nur die Produkte des Herstellers | verkauft Produkte verschiedener Hersteller |
| Weisungsgebundenheit | ist weisungsgebunden | als Selbstständiger nicht weisungsgebunden |
| Entlohnung | fixes Gehalt (hohe Fixkosten) + Umsatzprovision | lediglich (höhere) Umsatzprovision (hohe variable Kosten) |
| Kosten: Vor-/Nachteile | Vorteil bei hohen Umsätzen, da geringe Provision. Nachteil bei geringen Umsätzen (wegen Fixums). | Vorteil bei geringen Umsätzen, da kein Fixum zu zahlen ist. Nachteil bei hohen Umsätzen, aufgrund hoher Provision. |

b) Handelsreisender = 4.000 $ + 0,01 · 100.000 $ = 5.000 €

Handelsvertreter = 0,035 · 100.000 $ = 3.500 $

Folglich ist der Handelsvertreter um 1.500 $ günstiger!

c) $4.000\ \$ + 0{,}01 \cdot U = 0{,}035 \cdot U$

$\longleftrightarrow 4.000\ \$ = 0{,}035 \cdot U - 0{,}01 \cdot U$

$\longleftrightarrow 0{,}025 \cdot U = 4.000\ \$$

$\longleftrightarrow U = 160.000\ \$/\text{Monat bzw.} \times 12 = 1.920.000\ \$/\text{Jahr}$

Folglich sind die Kosten bei 1.920.000 $/Jahr gleich!

d) Bei einem erwarteten Umsatz von > 2 Mio. $ ist der Handelsreisende langfristig vorzuziehen.

7. RSP 8 **(10 Punkte)**

a) Laut Angaben zur Fallstudie erhalten unsere Skier in allen Tests Bestnoten. Daher ist die Aussage des österreichischen Konkurrenten unwahr. Nach § 6 UWG darf eine vergleichende Werbung keine Unwahrheiten/Lügen beinhalten. In diesem Fall haben wir das Recht auf Unterlassung und Schadensersatz.

b) Zu den gewerblichen Schutzrechten zählen:

- Eine Marke ist die geschützte Bezeichnung von Produkten, Dienstleistungen und Unternehmen. Nach § 1 MarkenG werden Marken, geschäftliche Bezeichnungen und geografische Herkunftsangaben geschützt.
- Patente: Sofern eine herausragende technische Erfindung getätigt wird, kann diese beim Patentamt in München angemeldet werden (bzw. EU/international). Dadurch erhält der Patentinhaber das exklusive Verwertungsrecht seiner Erfindung für 20 Jahre.
- Gebrauchsmuster: Hierbei handelt es um das sogenannte »kleine Patent« für unbedeutende Neuerungen (Schutzdauer nur 10 Jahre).
- Geschmacksmuster: Sie dienen dem Schutz von Design.

8. RSP 8.3.1 **(10 Punkte)**

a) Ziel des Customer-Relationship-Managements (CRM) bzw. Kundenbindungsmanagements ist die langfristige Bindung des Kunden an das Unternehmen durch bspw. Servicemaßnahmen, kundenorientiertem/innovativem und individualisiertem Sortiment.

b) 4 Stufen bzw. Aufgaben eines CRM-Systems:
- Interessenten für unsere Produkte finden
- Interessenten zu Kunden machen
- Kunden zu begeistern
- begeisterte Kunden zu Stammkunden machen

c) Beim Multi-Channel-Sale werden die Produkte über mehrere Absatzwege gleichzeitig verkauft (bspw. Einzel-/Großhandel, Handelsvertreter usw.).

| Vorteile | Nachteile |
| --- | --- |
| - größere Zielgruppe erreichbar<br>- unterschiedliche Zielgruppen können angesprochen werden<br>- Neuerungen können zunächst auf bestimmten Kanälen getestet werden<br>- unterschiedliche Preise können zum Abschöpfen der Konsumentenrente genutzt werden | - bisweilen schwierige Abstimmung<br>- klarer Fokus fehlt<br>- Kannibalisierungseffekt der verschiedenen Kanäle<br>- möglicherweise Imageverlust |

## Zur Prüfungssimulation 2: Logistik (insgesamt 80 Punkte)

1. RSP 8 **(10 Punkte)**

   a) Ein idealtypischer Ablauf des Beschaffungsprozesses könnte wie folgt aussehen:

   - Beschaffungsstrategien unterscheiden und auswählen (bspw. Eigenfertigung vs. Fremdbezug)
   - Bedarfsmengen berechnen: Welche Materialien und welche Mengen werden davon jeweils benötigt?
   - Liefermengen ermitteln: Welche Liefermengen sind zu wählen?
   - Lieferzeitpunkte festlegen: Zu welchen Zeitpunkten, Zeitintervallen sollen die Liefermengen angeliefert werden.

   **Tipp:**

   Grundsätzlich gilt, dass auch andere sinnvolle Lösungen gelten. Dies steht sogar häufig explizit in den Lösungshinweisen von IHK-Prüfungen.

   b) 3 mögliche Beschaffungsstrategien:

   - Einzelbeschaffung: Diese Form ist insbesondere bei der Einzelfertigung Standard. In unserem Fall bei seltenen oder einmaligen Spezialdrucken bei Sondermaterialien oder Sonderformaten. Hier ergibt Vorratshaltung keinen Sinn.
   - Vorratsbeschaffung: Die resultierenden relativ großen Lagerbestände sind besonders bei stark schwankender Nachfrage sinnvoll. Dies wäre bspw. bei Papier in häufiger benutzten Spezialformaten denkbar.
   - fertigungssynchrone Beschaffung: Ziel ist die Minimierung der Lagerbestände durch eine Angleichung der Liefermengen an die Verbrauchsmengen (Just-in-time-Lieferung). Dies ist insbesondere bei AX-Artikeln denkbar, die durch große Bedeutung (und damit hohen Lagerkosten) sowie guter Planbarkeit und geringen Verbrauchsschwankungen gekennzeichnet

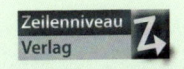

sind. Dies wäre bspw. bei Standardpapier in Standardformaten (DIN A4) oder Standardfarben denkbar.

**Hinweis:** Hier wird kein branchenspezifisches Wissen erwartet.

c) Bei beiden Varianten steht das Ziel der fertigungssynchronen Beschaffung im Vordergrund, um Lagerhaltungskosten zu senken. Bei beiden wird dabei das Material bedarfsgerecht angeliefert. Die »Just-in-sequence-Fertigung« ist dabei eine Weiterentwicklung der »Just-in-time-Fertigung«: Die Materialien werden nicht nur zeitgerecht, sondern auch noch zusätzlich in der richtigen Reihenfolge (Sequenz) geliefert.

2. RSP 8 (6 Punkte)

a) Das Kanban (Mehrbehältersystem) ist ein Pull-Prinzip zur verbrauchgesteuerten Materialbeschaffung mit Hilfe von Bestandskarten in den Transportbehältern des Fertigungsmaterials. Sofern eine bestimmte Menge unterschritten wird, erfolgt eine automatische Meldung zur Auffüllung der Bestände beim Lieferanten – ursprünglich mit Karten, heute mit EDV-Systemen.

b) Zu den Vorteilen zählen: (1) kurze Durchlaufzeiten des Materials, (2) nur kleine Puffer und damit geringe Kosten aufgrund von geringen Lagerbeständen, (3) geringe Kapitalbindung, (4) ungehemmter Materialfluss. Nachteile: (1) aufwendige Einführung und Aufrechterhaltung des Systems, (2) Einbindung des Lieferanten in das System erforderlich, (3) Gefahr des Wissensflusses über Lieferanten an Konkurrenten

3. RSP 8 (4 Punkte)

a) Für den Frachtbrief trägt die *FS Druck AG* als Absender die Verantwortung.

b) Die Angaben auf dem Frachtbrief sind für den Fahrzeugführer/Frachtführer bindend. Somit musste der Fahrzeugführer die Ware, wie auf dem Frachtbrief vermerkt, an der Zweigniederlassung abliefern – sofern dies möglich ist.

4. RSP 8 **(8 Punkte)**

   a) Zu den Funktionsbereichen der Logistik zählen:
   - Beschaffungslogistik: Hier geht es um den Fluss des Materials und der Waren vom Lieferanten hin zum Lager.
   - Lagerlogistik: Sie beschäftigt sich mit dem Material- und Warenfluss innerhalb der Lager und zwischen den Lagern.
   - Fertigungslogistik (Produktionslogistik): Das Material und die Waren müssen den einzelnen Produktionsschritten zugewiesen sowie zwischen diesen transportiert werden.
   - Distributionslogistik (Absatzlogistik): Die Fertigprodukte müssen zum Kunden gebracht werden.

   b) Trends der Logistik:
   - jahrzehntelanger Abbau der Grenzschranken, der Zölle und der nicht-tarifären Handelshemmnisse, inzwischen wieder Umkehrung des Trends (bspw. USA vs. VR China & Brexit)
   - allgemein Wandel von Verkäufer- zu Käufermärkten
   - Sättigungstendenzen bei bestimmten Märkten: Wechsel auch in aufstrebenden Volkswirtschaften zu Käufermärkten

   c) Outsourcing steht ganz allgemein für die Auslagerung von Prozessen, Abteilungen oder Bereichen des Unternehmens an externe Unternehmen bzw. Dienstleister – sowohl national als auch international.

5. RSP 8 **(12 Punkte)**

   a) Es besteht ein grundsätzlicher Zielkonflikt zwischen Lagerhaltungskosten einerseits und Bestellkosten andererseits. Die Lagerhaltungskosten steigen mit steigender Bestellmenge, während die Bestellkosten entsprechend sinken. Das Ziel ist diejenige Menge zu ermitteln, bei der die gesamten Kosten minimal sind.

   b) Mit Hilfe der Andler-Formel erhält man als optimale Bestellmenge 30 Paletten. Somit müssen (750 St. ÷ 30 St./Bestellung =) 25 Bestellungen ausgelöst werden.

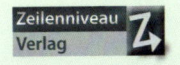

$$(8.39) \quad x_{opt} = \sqrt{\frac{2 \cdot 750 \text{ St.} \cdot 27 \text{ €}}{0,15 \cdot 300 \text{ €/St.}}} = 30 \text{ St.}$$

c) Es ergibt sich ein Kostenvorteil von 1.624,50 €:

1. Fall: Optimale Bestellmenge je 30 St. = 25 Bestellungen

$$(8.40) \quad \text{Lagerkosten} = \frac{30 \text{ St.}}{2} \cdot 0,15 \cdot 300 \text{ €/St.} = 675 \text{ €}$$

$(8.41)$ Bestellkosten = 25 Bestellungen · 27 €/Best. = 675 €

$(8.42)$ Gesamtkosten = Lagerkosten + Bestellkosten = 1.350 €

2. Fall: 2-monatliche Bestellung je 125 St. = 6 Bestellungen

$$(8.43) \quad \text{Lagerkosten} = \frac{125 \text{ St.}}{2} \cdot 0,15 \cdot 300 \text{ €/St.} = 2.812,50 \text{ €}$$

$(8.44)$ Bestellkosten = 6 Bestellungen · 27 €/Best. = 162 €

$(8.45)$ Gesamtkosten = Lagerkosten + Bestellkosten = 2.974,50 €

6. RSP 8 **(10 Punkte)**

a) Ziel der verschiedenen Incoterms ist die Klärung folgender beider Aspekte: 1. Wer trägt die Transportkosten? 2. Wer ist verantwortlich für Schäden bzw. den Untergang der Waren?

b) Zu diesen Incoterms zählen:

- **FAS** (free alongside ship, frei Längsseite des Schiffs): Der Käufer trägt die Kosten und übernimmt das Risiko ab der Übergabe an den Frachtführer im Hafen. Der Name resultiert aus der Tatsache, dass Frachtschiffe längsschiffs gelöscht (= entladen) werden.
- **FOB** (free on board, frei an Bord): Der Käufer trägt die Kosten und übernimmt Risiko nach der Verladung auf das Schiff, d. h. die Verladung der Ware (Kosten und Risiko) zählt noch zu den Aufgaben des Verkäufers.
- **CIF** (cost, insurance, freight, Kosten, Versicherung und Fracht): Der Verkäufer trägt das Risiko und die Kosten bis zur

Verschiffung und muss zusätzlich die Frachtkosten sowie die Kosten der Transportversicherung übernehmen.

c) Von Ravensburg nach Hamburg mit LKW und von dort mit Schiff nach Salalah/Oman.

**Tipp:**

Natürlich erwartet von Ihnen niemand (mit Verstand), dass Sie einen Atlas im Kopf gespeichert haben. Tatsächlich gab es mal eine ähnliche Aufgabe. Hier geht es nur um eine grundsätzliche Idee: zuerst Zug oder LKW, dann Schiff oder Flugzeug und danach evtl. wieder Zug oder LKW. Die genauen Orte sind nicht so entscheidend. Aber im Zweifelsfall sind der Binnenhafen Duisburg, der (Hochsee-) Hafen Hamburg und der Flughafen Frankfurt a. M. ausreichend. Im Ausland genügen im Zweifelsfall auch die Begriffe »Zielhafen« und »Zielort«.

7. RSP 8 (12 Punkte)

a) Single Sourcing: Vorteile: enge und partnerschaftliche Zusammenarbeit. Es dürften eher Preisnachlässe und Sonderkonditionen möglich sein. Der Lieferant dürfte flexibler und kurzfristiger auf unsere Wünsche eingehen. Zudem dürfte der Service besser sein. Nachteile: Abhängigkeit, bessere Preiskonditionen anderer Lieferanten können nicht genutzt werden.

b) Zu den Vor- und Nachteilen des Fremdbezugs:

| Vorteile | Nachteile |
|---|---|
| • ggf. mehr Know-how beim externen Buchbinder | • längerfristige Abhängigkeit vom Lieferanten |
| • keine zusätzlichen und zukünftigen Investitionen erforderlich | • Verlust von Wissen im Unternehmen |
| • geringere Fertigungstiefe, Fokus auf Kernkompetenzen | • Weitergabe von spezifischem Wissen |

c) Mögliche weitere Sourcingstrategien:

- National Sourcing, Global Sourcing: Da sich das Unternehmen bisher auf regionale Lieferanten konzentriert, könnte zukünftig auch eine nationale oder globale Beschaffung in Betracht gezogen werden.

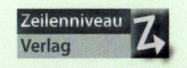

- Collective Sourcing: Die *FS Druck AG* könnte auch Einkaufsgemeinschaften mit anderen Druckereien gründen, um so günstiger an Materialien zu kommen.

8. RSP 8 (10 Punkte)

   a) Die *FS Druck AG* sollte sich für den Lieferanten M entscheiden (vgl. Tabelle).

   b) Nur die 2. Vorgabe wird erfüllt: 1. Der Gewinner ist um 6,85 % besser als der Zweitplatzierte. 2. Der Gewinner erhält 68,6 % der möglichen Punkte (> 65 %).

| Nutzwertanalyse | | Lieferant N | | Lieferant M | | Lieferant O | |
|---|---|---|---|---|---|---|---|
| Kriterium | Gew. | Note | Wert | Note | Wert | Note | Wert |
| Preis | 0,30 | 9 | 2,70 | 5 | 1,50 | 7 | 2,10 |
| Kontrollkosten | 0,10 | 3 | 0,30 | 8 | 0,80 | 6 | 0,60 |
| Qualität | 0,24 | 3 | 0,72 | 10 | 2,40 | 7 | 1,68 |
| Service | 0,24 | 5 | 1,20 | 8 | 1,92 | 6 | 1,44 |
| Flexibilität | 0,12 | 8 | 0,96 | 2 | 0,24 | 5 | 0,60 |
| Gesamtnote | 1,00 | 28,00 | 5,88 | 33,00 | 6,86 | 31,00 | 6,42 |

9. RSP 8 (8 Punkte)

   a) und b) siehe Tabelle

| Teile | a) Stückliste | b) Bruttobedarf | Lagerbestand | b) Nettobedarf |
|---|---|---|---|---|
| Nr. | für 1 St. E 1 | für 100 St. E1 | verfügbar | für 100 St. E1 |
| T 1 | 12 | 1.200 | 350 | 850 |
| T 2 | 28 | 2.800 | 550 | 2.250 |
| T 3 | 42 | 4.200 | 925 | 3.275 |
| T 4 | 10 | 1.000 | 650 | 350 |

# Zeilenniveau Verlag: Programm für TFW

Fachbücher zur Prüfungsvorbereitung: HSQ-Teil für TFW

| ISBN: TFW-HSQ | Kurz-Titel | Aufl. | Farbe | Verlag | Bezug/Cover | Zeitpunkt |
|---|---|---|---|---|---|---|
| ISBN 978-3-948605-**06-3** | »Zur Prüfung vorbereiten in Führung & Zusammenarbeit« | 1. | 🌈 | Zeilenniveau Verlag | | voraussichtlich 2. Quartal 2020<br><br>Taschenbuch 13,90 € |
| ISBN 978-3-948605-**05-x** | »Zur Prüfung vorbereiten in Qualitätsmanagement« | 1. | 🌈 | Zeilenniveau Verlag | | voraussichtlich 3. Quartal 2020<br><br>Taschenbuch |
| ISBN 978-3-948605-**04-x** | »Zur Prüfung vorbereiten in Produktionswirtschaft« | 1. | 🌈 | Zeilenniveau Verlag | | voraussichtlich 3. Quartal 2020<br><br>Taschenbuch |
| ISBN 978-3-948605-**03-2** | »Zur Prüfung vorbereiten in Absatz-, Materialwirtschaft & Logistik (AML)« | 1. | 🌈 | Zeilenniveau Verlag | | 07.04.2020<br><br>Taschenbuch 15,90 € |

**Wichtige Anmerkungen:**

- Die Zuordnung der Aufgaben zu den Themen/RSP-Punkten ist nicht immer ganz klar – innerhalb, aber auch zwischen den Fächern.

- Die zugrunde liegende Taxonomie des DIHK mit Kenntnis, Verständnis und Anwendung passt auch nicht immer.

- Diese Statistik ist hilfreich und zeigt Ihnen, welche Themen in der Vergangenheit häufiger gefragt wurden. Bedenken Sie:

    - Es handelt sich um eine reine Betrachtung der Vergangenheit.

    - Auch Themen, die bisher selten/nie gefragt wurden, könnten zukünftig bedeutsam werden.

    - Anderseits sollten Sie bei den wichtigen Themen der Vergangenheit nicht auf Lücke gehen – sie können und werden sich wahrscheinlich wiederholen.

- Auf der Webseite des DIHK (*www.dihk-bildungs-gmbh.de*) finden Sie die PDF-Datei »**Strukturierung der schriftlichen Prüfungen**« für die verschiedenen Weiterbildungslehrgänge:

    - Für Ihr Prüfungsfach sehen Sie die Vorgaben des DIHK in der 3. Spalte der folgenden Tabellen (»Ziel: DIHK«).

    - In der Realität war die Abweichung im Durchschnitt (4. Spalte: ∅) nicht so gravierend:

| Zsfg. | Fächer | Ziel: DIHK | ∅ | Σ |
|---|---|---|---|---|
| 8. | AML | 30 Pt. | 29,72 Pt. | 743 Pt. |

# Anhang D: Prüfungsstatistik

Die folgenden Seiten geben eine schnelle Übersicht über die abgefragten Themen der vergangenen DIHK-Prüfungen:

- Es sind alle Prüfungen Fj. 2007 bis Fj. 2019 berücksichtigt.

- Die Aufgaben werden den einzelnen Rahmenstoffplanpunkten zugeordnet und thematisch benannt.

- Zu jeder Aufgabe wird die Prüfungsrelevanz in 3 Stufen gemäß DIHK-Rahmenstoffplan (Taxonomie) mit Markern angegeben:

  - Die erste Stufe bezieht sich auf einfachen Lernstoff. Hier werden nur **Kenntnisse** in Form von Definitionen, Auflistungen usw. erwartet. Als Symbol dient die Diskette.

  - Die zweite Stufe bezieht sich *zusätzlich* auf das Verständnis von Zusammenhängen und komplexeren Sachverhalten und deren Erläuterung. Als Symbol dient der kreisende Pfeil.

  - Die dritte Stufe steht für gelerntes u. verstandenes Wissen, das *auch* in Form von Übungen und Rechnungen Anwendung findet. Als Symbol dient der Taschenrechner.

- Zur Veranschaulichung ein Fallbeispiel:

  | 8. | AML | He. 2008 |
  |---|---|---|
  | 8.1 | Marktforschung | A1a-c: 12 Pt. Marktsegmentierung |

  - **Fach**: 8. AML, **Zeitpunkt**: Herbst 2008

  - **Rahmstoffplan**: 8.1 Marktforschung

  - Situationsaufgabe **A1a-c**: Aufgabe 1a-c mit 12 Punkten

  - **Thema**: Marktsegmentierung

  - **DIHK-Taxonomie**: »Wissen«

| 8. | AML | Fj. 2007 | He. 2007 | Fj. 2008 | He. 2008 | Fj. 2009 |
|---|---|---|---|---|---|---|
| 8.1 | Marktforschung | A1a: 3 Pt. Marketingziele<br><br>A1c: 4 Pt. Marketing-Mix | | | A1a-c: 12 Pt. Marktsegmentierung | |
| 8.2 | Preispolitik | | | A1a: 3 Pt. Aufgaben d. Preispolitik<br><br>A1b: 9 Pt. Preisstrategien | A2: 6 Pt. Möglichkeiten der Preisbildung | |
| 8.3 | Produktpolitik | | A2a-b: 6 Pt. Sortimentsbereinigung<br><br>A2c-d: 9 Pt. Portfolio-Analyse, Produktlebenszyklus | | | A1a-b: 8 Pt. Produktlebenszyklus u. Portfolio-Analyse |
| 8.4 | Distributionspolitik | A1b: 3 Pt. Fragen zur Vertriebsoptimierung | | | | |
| 8.5 | Kommunikationspolitik | | | | | |
| 8.6 | Beschaffungslogistik | A2a-b: 6 Pt. deterministische, stochastische Bedarfsermittl.<br><br>A2c: 4 Pt. Bestellpunktverfahren | A3a-c: 8 Pt. ABC-Analyse, Beschaffungsverfahren<br><br>A4a-b: 8 Pt. exponentielle Glättung u. deren Interpretation | A2: 10 Pt. Nutzwertanalyse | A3a-c: 12 Pt. Optimale Bestellmenge | A2a-c: 12 Pt. Optimale Bestellmenge und Abweichung<br><br>A3a-b: 10 Pt. Nutzwertanalyse<br><br>A6a: 6 Pt. Bedarfsrechnung |
| 8.7 | Produktionslogistik | | | | | |
| 8.8 | Distributionslogistik | A3a-b: 10 Pt. Fragen der Lagerhaltung | | | A3a-c: 10 Pt. Lagerkennzahlen | |
| 8.9 | Entsorgungslogistik | | | | | |
| Σ | | 30 Pt. | 31 Pt. | 32 Pt. | 30 Pt. | 36 Pt. |

Fach 8: AML / ZNV 3 — Anhang D: Prüfungsstatistik

| 8. | AML | He. 2009 | Fj. 2010 | He. 2010 | Fj. 2011 | He. 2011 |
|---|---|---|---|---|---|---|
| 8.1 | Marktforschung | A1: 6 Pt. Marktanalyse, -beobachtung<br>A2: 16 Pt. Ansoff-Matrix | A9a-b: 7 Pt. Ansoff-Matrix | A10a: 2 Pt. Ansoff-Matrix | A5a: 1 Pt. Ansoff-Matrix | |
| 8.2 | Preispolitik | | A9c: 5 Pt. Preisstrategie Vor-/Nachteile | | A5c: 5 Pt. Preisstrategie Vor-/Nachteile | |
| 8.3 | Produktpolitik | | | | | A1a-b: 18 Pt. Begriffe der Sortimentsplanung |
| 8.4 | Distributionspolitik | | A9d: 4 Pt. Absatzwege: Vorteile | A10b-c: 12 Pt. indirekter Absatz | A5b: 4 Pt. Vor-/Nachteile Handelsvertreter | |
| 8.5 | Kommunikationspolitik | | | | | |
| 8.6 | Beschaffungslogistik | A3a-c: 8 Pt. Bestellpunktverfahren | A8a-b: 9 Pt. Methoden der Bedarfsermittlung | A3a-b: 8 Pt. Einzelfertigung vs. Just-in-time-Fertigung. | A4a-b: 6 Pt. Just-in-time-Beschaffung inkl. Vor-/Nachteilen<br>A6a-b: 9 Pt. Informationsquellen; Angebotsprüfung | A6: 10 Pt. Lieferantenauswahl durch Nutzwertanalyse<br>A8a-c: 7 Pt. Bestellpunktverfahren |
| 8.7 | Produktionslogistik | | | | | |
| 8.8 | Distributionslogistik | | | A9a-c: 6 Pt. Lagerkennzahlen | A7a-b: 8 Pt. Lagerkennzahlen | |
| 8.9 | Entsorgungslogistik | | | | | |
| Σ | | 30 Pt. | 25 Pt. | 14 Pt. | 33 Pt. | 35 Pt. |

Anhang D: Prüfungsstatistik  Fach 8: AML / ZNV 3

| 8. | AML | Fj. 2012 | He. 2012 | Fj. 2013 | He. 2013 | Fj. 2014 |
|---|---|---|---|---|---|---|
| 8.1 | Marktforschung | | | 📖 A2a-b: 7 Pt. Marktsegmentierungskriterien | | 🗘 A6a-b: 11 Pt. Ansoff-Matrix; Maßnahmen der Kundenbindung |
| 8.2 | Preispolitik | | | | | |
| 8.3 | Produktpolitik | | | | 🗘 A3: 12 Pt. Produktlebenszyklus | |
| 8.4 | Distributionspolitik | 📖 A4a-c: 9 Pt. Handelsvertreter vs. Handelsreisender | 🗘 A6a-b: 10 Pt. Verkaufsorgane | | | |
| 8.5 | Kommunikationspolitik | | | | | 📖 A5: 4 Pt. Funktionen von Messen |
| 8.6 | Beschaffungslogistik | 🗘 A5a-c: 14 Pt. Ziele, Aufgaben Kostensenkung im Einkauf<br>🗘 A6: 6 Pt. Multiple Sourcing | 🖩 A5a-b,d: 10 Pt. Bedarfsermittlung, Andler, Kosten<br>📖 A12: 4 Pt. Sourcing-Konz. | 🖩 A3a/2-b: 16 Pt. Bruttobedarf; ABC-Analyse | 🗘 A1a-c: 6 Pt. Singel- und Dual-Sourcing<br>🖩 A4: 5 Pt. Brutto-/Nettobedarfsrechnung | 🖩 A4a-c: 8 Pt. Bedarfsrechnung<br>🖩 A7a-b: 4 Pt. Optimale Bestellmenge<br>🖩 A8b: 3 Pt. Bedarfsrechnung |
| 8.7 | Produktionslogistik | | | | | |
| 8.8 | Distributionslogistik | | 🖩 A5c,e: 4 Pt. Lagerkennzahlen | 🗘 A1: 4 Pt. Incoterms | 🖩 A2a-b: 4 Pt. Lagerkennzahlen | |
| 8.9 | Entsorgungslogistik | | | | | |
| Σ | | 29 Pt. | 28 Pt. | 27 Pt. | 27 Pt. | 30 Pt. |

Fach 8: AML / ZNV 3 — Anhang D: Prüfungsstatistik

| 8. | AML | He. 2014 | Fj. 2015 | He. 2015 | Fj. 2016 | He. 2016 |
|---|---|---|---|---|---|---|
| 8.1 | Marktfor-schung | | | | A4a-b: 5 Pt. Marktanalyse, -beobachtung | |
| | | | | | A4c: 6 Pt. Konkurrenz-analyse | |
| 8.2 | Preispolitik | | | A4a-b: 8 Pt. Preisstrategien | | |
| 8.3 | Produkt-politik | | A7a-c: 13 Pt. Portfolio-Analyse | | | A7: 10 Pt. Produktlebens-zyklus |
| 8.4 | Distributions-politik | A8a-b: 6 Pt. Ziele u. Aufga-ben d. Distribu-tionspolitik | | | | |
| 8.5 | Kommunika-tionspolitik | | | | | |
| 8.6 | Beschaffungs-logistik | A6c: 3 Pt. Argumente pro Eigenfertigung | A6a-b: 6 Pt. Bestellpunkt-verfahren | A5a-c: 12 Pt. Bedarfsrechnung Gozintograph, Stücklisten | A5a-c: 9 Pt. exponentielle Glättung | A4a-c: 14 Pt. ABC-Analyse, Me-thoden der Be-darfsermittlung, XYZ-Analyse |
| | | A7a-b: 12 Pt. Nutzwertanalyse | A8a: 10 Pt. Bedarfsrechnung Gozintograph | A6: 12 Pt. optimale Bestell-menge | A6a-c: 9 Pt. Meldebestand, optimale Bestell-menge | |
| 8.7 | Produktions-logistik | | | | | |
| 8.8 | Distributions-logistik | | A8b: 2 Pt. Sicherungsfunk-tion des Lagers | | A6a: 3 Pt. Lagerkennzahlen | A3: 6 Pt. Incoterms |
| 8.9 | Entsorgungs-logistik | | | | | |
| Σ | | 21 Pt. | 31 Pt. | 32 Pt. | 32 Pt. | 30 Pt. |

# Anhang D: Prüfungsstatistik — Fach 8: AML / ZNV 3

| 8. | AML | Fj. 2017 | He. 2017 | Fj. 2018 | He. 2018 | Fj. 2019 |
|---|---|---|---|---|---|---|
| 8.1 | Marktforschung | ↻ A3a: 2 Pt. Ansoff-Matrix | ↻ A6a: 4 Pt. Chancen/Risiken Marktentwicklung | | | |
| 8.2 | Preispolitik | ↻ A3b: 6 Pt. Preisstrategien | | | | |
| 8.3 | Produktpolitik | | | | ↻ A2: 9 Pt. Produktlebenszyklus | |
| 8.4 | Distributionspolitik | ↻ A3c: 4 Pt. Absatzwege | ↻ A6b: 4 Pt. direkte/indirekte Absatzwege | | | |
| 8.5 | Kommunikationspolitik | | | ↻ A9: 4 Pt. Formen der Kommunikationspolitik im B2B-Bereich | | |
| 8.6 | Beschaffungslogistik | 🖩 A1a-c: 8 Pt. Meldebestand, optimale Bestellmenge, Vorteil <br> 🖩 A2a-c: 9 Pt. Nutzwertanalyse | 🖩 A3a-b: 12 Pt. optimale Bestellmenge <br> 📖 A4b: 6 Pt. Sourcing-Strategien | 🖩 A2a-c: 14 Pt. Eigenfertigung vs. Fremdbezug | 🖩 A1a-b: 10 Pt. Nutzwertanalyse <br> 🖩 A5a-c: 9 Pt. ABC-Analyse | 🖩 A1a-c: 15 Pt. Optimale Bestellmenge, Abweichungen |
| 8.7 | Produktionslogistik | | 📖 A4a: 6 Pt. Lean Production | | | |
| 8.8 | Distributionslogistik | 🖩 A1a: 3 Pt. Lagerkennzahlen | | 📖 A1a-b: 10 Pt. Lagerfunktionen, Lagerrisiken <br> 🖩 A1c: 2 Pt. Lagerkennzahlen | | 🖩 A2a-b: 9 Pt. Servicegrad & Termintreue |
| 8.9 | Entsorgungslogistik | | | | | |
| Σ | | 32 Pt. | 32 Pt. | 30 Pt. | 28 Pt. | 24 Pt. |

# Stichwortverzeichnis

## A

| | |
|---|---|
| ABC-Analyse | 44 |
| Abfallbehandlung | 124 |
| Abfallbeseitigung | 124 |
| Abfallvermeidung | 124 |
| Abrufverträge | 106 |

Absatz
- direkter … 51
- indirekter … 51, 53

| | |
|---|---|
| Absatzkanäle | 51 |
| Absatzlogistik | 52 |
| Absatzmittler | 16 |
| Absatzwirtschaft | 11 |
| Abschöpfungsstrategie | 31 |
| Absender | 116 |
| Alleinstellungsmerkmal | 18 |
| Andler-Formel | 85 |
| Angebotsüberhang | 26 |
| Angebotsvergleich | 103 |
| Anpassungsstrategie | 16 |
| Ansoff-Matrix | 16 |
| arithmetisches Mittel | 82 |
| arme Hunde | 40 |
| Ausgleichsfunktion | 110 |
| Außendienstpromotion | 64 |

## B

| | |
|---|---|
| B2B | 20 |
| B2C | 20 |
| Baukastenstückliste | 72, 81 |

Bedarfsermittlung
- deterministisch … 79
- heuristisch … 79, 83
- stochastisch … 79

| | |
|---|---|
| Bedarfsunsicherheiten | 89 |
| Beschaffung | 67, 71 |
| fertigungssynchron | 99 |
| Beschaffungsstrategien | 95 |
| Bestandsunsicherheiten | 89 |
| Bestellkosten | 85 |
| Bestellkostenproblem | 44 |
| Bestellpunktverfahren | 90 |
| Bestellrhythmusverfahren | 93 |
| Bestellzeitpunkte | 90 |
| Bewertungskriterien | 105 |
| Bezugsbindungen | 35 |
| Blocklager | 112 |
| Branchenstrukturanalyse | 24 |
| Bruttobedarf | 78 |
| Bruttoreichweite | 63 |
| Business to Business | 20 |
| Business to Consumer | 20 |

## C

| | |
|---|---|
| Collective Sourcing | 96 |
| CRM | 56 |
| Customer-Relationship-Management | 56 |

## D

| | |
|---|---|
| Dachmarkenstrategie | 47 |
| Deckungsbeitragsanalyse | 44 |
| Degenerationsphase | 38 |
| Desinvestitionsstrategie | 40 |
| desk research | 22 |
| Dienstleistungsmarketing | 11 |
| Differenzierungsstrategie | 18 |
| Direktvertrieb | 66 |

Distribution
- akquisitorische … 52
- physische … 52

| | |
|---|---|
| Distributionspolitik | 20 |
| Diversifikation | 18 |
| horizontal | 42 |
| lateral | 42 |
| vertikal | 42 |
| DPMA | 48 |
| Dual Sourcing | 98 |
| Durchlaufregale | 112 |

## E

| | |
|---|---|
| Eigenfertigung | 96, 101 |
| Einführungsphase | 38 |
| Einzelbeschaffung | 99 |
| Einzelmarkenstrategie | 46 |
| Entsorgungslogistik | 123 |
| Erbauungsnutzen | 38 |
| Ersatzteillieferungen | 50 |
| Erzeugnisdokumentation | 72, 74 |
| Erzeugnisstrukturliste | 72 |
| EUIPO | 48 |
| Exklusivität | 35 |
| exponentielle Glättung | 83 |

## F

| | |
|---|---|
| Fahrzeugführer | 116 |
| Feinabruf | 94 |
| Fertigung | |
|   bedarfssynchron | 100 |
|   reihenfolgesynchron | 100 |
| Fertigungstiefe | 96 |
| field research | 22 |
| FIFO | 111 |
| Finanzierung | 68 |
| First-in-first-out | 111 |
| Fixkostenproblematik | 44 |
| Frachtbrief | 116 |
| Frachtenvermittler | 116 |
| Frachtführer | 116 |
| Fragezeichen | 40 |
| Franchisegeber | 53 |
| Franchisenehmer | 53 |
| Fremdbezug | 96, 101 |
| Fremdlagerung | 113 |
| Funktionsbereiche | 54 |

## G

| | |
|---|---|
| Garantie | 50 |
| Gebietsschutz | 35 |
| Gebrauchsmuster | 45 |
| Geltungsnutzen | 38 |
| Generalklausel des UWG | 34 |
| Geschmacksmuster | 45 |
| Gesetz der Nachfrage | 26 |
| Gesetz des Angebots | 26 |
| Gewährleistung | 50 |
| Gewichtungsfaktoren | 105, 106 |
| Gewinnabschöpfungsstrategie | 40 |
| gleitender Mittelwert | 82 |
| Global Sourcing | 97 |
| Gozintograph | 72, 79 |
| Großhandel | 53 |
| Grundnutzen | 38 |
| GWB | 35 |

## H

| | |
|---|---|
| Handelsreisender | 52, 58 |
| Handelsvertreter | 53, 57, 58 |
| Händlerpromotion | 64 |
| Handlungsvollmacht | 98, 99 |
| Herstellermarke | 46 |
| HIFO | 111 |
| Highest-in-first-out | 111 |
| Hochpreisstrategie | 31 |
| Hochregallager | 112 |
| Höchstbestand | 92, 93, 94 |
| Höchstpreisbindungen | 36 |
| Hotline | 50 |

## I

| | |
|---|---|
| Image | 60 |
| Imageschaden | 44 |
| Imitator | 41 |
| Incoterms | |
|   CFR | 122 |
|   CIF | 122 |
|   CIP | 122 |
|   cost, insurance, freight | 122 |
|   CPT | 122 |
|   EXW | 121 |
|   ex works | 121 |
|   FAS | 121 |
|   FCA | 121 |
|   FOB | 122 |
|   free alongside ship | 121 |
|   free on board | 122 |
| Individual Sourcing | 96 |

Innovation .................................. 45
Innovator .................................... 41
Internethandel ........................... 52
Internetwerbung ....................... 61
Inventur
   permanente Inventur ............. 115
   Stichtagsinventur .................... 115
Investitionsgütermarketing   11, 61
irreführende Werbung ................ 34

## J

Just-in-sequence-Fertigung ..... 100
Just-in-time-Fertigung ............. 100

## K

Kaizen ....................................... 108
Kartellverbot .............................. 35
Käufermärkte .............................. 11
Key-Account-Management .. 54, 57
Kommissionäre ........................... 53
Kommissionierung .................... 111
Kommunikationspolitik .............. 20
Konfliktstrategie ......................... 16
Konkurrenzanalyse ..................... 24
Konsignationslager ................... 113
Konsumentenrente ............... 26, 32
Konsumgütermarketing ....... 11, 61
Kontinuierliche Verbesserungs-
   prozesse ................................. 108
Kontrahierungspolitik .......... 20, 27
Konzentrationsstrategie ............. 18
Kooperationsstrategie ................ 16
Kostenführerschaft .................... 18
Kreditpolitik ................................ 36
Kreislaufwirtschaftsgesetz ....... 123
   Zielhierachie ........................... 123
Kundendienst ............................. 50
Kundengruppen ......................... 54
KVP ........................................... 108

## L

Ladungssicherung .................... 117
   formschlüssig .......................... 117

Lageanalyse ................................ 12
Lagerarten ................................ 112
Lagerhaltung .............................. 68
Lagerhaltungskosten .................. 85
Lagerkapazität ............... 92, 93, 94
Lagerkennzahlen ...................... 114
Lagerkosten .............................. 111
Lagerumschlagshäufigkeiten .... 44
Last-in-first-out ........................ 110
Lean Management ................... 108
Lean Production ....................... 108
Lebenszyklusphase ..................... 39
Lieferantenanzahl ................ 97, 98
Lieferantenpyramide ............... 108
Lieferbedingungen ..................... 36
Lieferbereitschaftsgrad ............ 115
Liefermengen
   optimale .................................. 85
Lieferunsicherheiten .................. 89
Lieferzeitpunkt .......................... 89
Lieferzeitpunkte ......................... 90
LIFO .......................................... 110
Lobbyarbeit ................................ 65
Local Sourcing ............................ 97
Logistik ....................................... 71
   Absatzlogistik ..................... 68, 147
   Beschaffungslogistik ... 68, 69, 147
   Distributionslogistik . 68, 109, 147
   Entsorgungslogistik ............ 68, 69
   Fertigungslogistik ..... 68, 107, 147
   Funktionen ............................... 69
   Informationslogistik ................ 68
   Lagerlogistik ..................... 68, 147
   Ziele ......................................... 67
Logistikprozesse ......................... 67
Lose ............................................ 91
Luftfrachttransport .................. 120

## M

Marke ......................................... 48
Markenfamilienstrategie ........... 47
MarkenG ..................................... 48
Markennamen ............................ 47
Markenstrategie ......................... 37

# Stichwortverzeichnis

**Marketing** .................................. 11
   Dienstleistungsmarketing ......... 11
   Investitionsgütermarketing ...... 11
   Konsumgütermarketing ........... 11
   Non-Profit-Marketing ................ 11
   Ziele .......................................... 14
**Marktanalyse** .............................. 21
**Marktbearbeitungsstrategien** .... 15
**Marktbeobachtung** ..................... 21
**Marktdurchdringung** .................. 17
**Marktdurchdringungsstrategie** . 31
**Markteintrittsstrategien** ....... 16, 41
**Marktentwicklung** ...................... 17
**Marktforschung** ......................... 21
**Marktgleichgewicht** ................... 26
**Marktprognose** ........................... 21
**Marktsegmentierung** ................. 23
**Marktuntersuchungen** ............... 21
**Marktwachstumsstrategien** ...... 16
**Marktwahlstrategien** ................. 15
**Materialwirtschaft** ..................... 71
**Matrixorganisation** .................... 55
**Mehrmarkenstrategie** ................ 47
**Meistbegünstigungsklauseln** .... 35
**Meldebestände** .......................... 90
**Melkkühe (cash cows)** ................ 40
**Mengenfunktion** ........................ 110
**Mengenrabatte** ........................... 36
**Mengenstückliste** ......... 72, 73, 81
**Messehandel** ............................... 52
**Messen** ....................................... 64
**Mikroökonomie** .......................... 25
**Mindestbestand** ................... 80, 89
**Ministererlaubnis** ....................... 35
**Missbrauchsaufsicht** .................. 35
**Mittelpreisstrategie** ................... 31
**Modular Sourcing** ....................... 96
**Monopol** ..................................... 25
**Multi-Channel-Sale** ..................... 54
**Multiple Sourcing** ....................... 98

## N

**Nachfrageüberhang** .................... 26
**Nachkaufgarantien** ..................... 44
**National Sourcing** ...................... 97
**Nettobedarf** ................................. 78
**Nettoreichweite** .......................... 64
**Niedrigpreisstrategie** .................. 31
**Nischenstrategie** ........................ 18
**Normstrategie** ............................ 40

## O

**Offensivstrategie** ........................ 40
**Oligopol** ...................................... 25
**optimale Bestellmenge** .............. 85
**optimale Losgröße** ..................... 87

## P

**Palettenregale** ............................ 112
**Panel** ........................................... 22
**Parallelverhalten** ........................ 29
**Patente** ....................................... 45
**Penetrationsstrategie** ................ 31
**Place** ........................................... 20
**Polypol** ........................................ 25
**Portfolio-Analyse** ....................... 40
**Preisabsprachen** ........................ 28
**Preisbildung** ............................... 25
**Preisbindungen** .......................... 36
**Preisbündelung** .......................... 33
**Preisdiskriminierung** ................. 32
**Preisempfehlungen** .................... 36
**Preisfolgerschaft** ........................ 30
**Preisführerschaft** ....................... 30
**Preisgestaltung**
   konkurrenzorientiert ............... 28
   kostenorientiert ....................... 27
   nachfrageorientiert ................. 29
**Preiskampf** ............................ 28, 30
**Preisnachlässe** ........................... 33
**Preispositionierung** ................... 31
**Preisuntergrenze** ....................... 27
   kurzfristig ................................ 27
   langfristig ................................ 27
**Premiumpreisstrategie** .............. 31
**Pressearbeit** ............................... 65
**Price** ............................................ 20
**Primärbedarf** ........................ 75, 78
**Primärforschung** ........................ 22

| | | | |
|---|---|---|---|
| Product | 19 | Servicegrad | 115 |
| Produktdifferenzierung | 42 | Serviceleistungen | 37 |
| Produktdiversifikation | 42 | Servicepolitik | 37, 49 |
| Produktelimination | 43 | SGE | 15 |
| Produktentwicklung | 17 | SGF | 15 |
| Produktentwicklungsprozess | 45 | Sicherheitsbestand | 89 |
| Produktgestaltung | 37 | Sicherheitsfunktion | 110 |
| Produktlebenszyklus | 38 | Single Sourcing | 97 |
| Produktnutzen | 38 | Skimmingstrategie | 31 |
| Produktpolitik | 19 | Skonto | 36 |
| Produktvariation | 42 | SMART-Formel | 14 |
| Produktvorführungen | 64 | Sonderveranstaltungen | 35 |
| Produzentenrente | 26 | Sortimentsbreite | 43 |
| Profit Center | 15 | Sortimentsnotwendigkeit | 44 |
| Promote | 20 | Sortimentspolitik | 37 |
| Promotionspreisstrategie | 31 | Sortimentstiefe | 43 |
| psychografische Kriterien | 23 | sozio-ökonomische Kriterien | 23 |
| Pull-Strategie | 16 | Spediteur | 116 |
| Push-Strategie | 16 | Spekulationsfunktion | 110 |

## Q

Qualitätsunsicherheiten ............ 89

## R

| | |
|---|---|
| Rahmenverträge | 106 |
| Ratenzahlung | 36 |
| Räumungsverkäufe | 35 |
| Recht | 11 |
| Recycling | 124 |
| Redistributionspolitik | 123 |
| Regionalorganisation | 54 |
| Regressionsanalyse | 82 |
| Reifephase | 38 |
| relativer Marktanteil | 41 |
| Reservierung | 80 |

## S

| | |
|---|---|
| Sättigungsphase | 38 |
| Schienenverkehr | 120 |
| Schifffahrt | 119 |
| Sekundärbedarf | 75, 78 |
| Sekundärforschung | 22 |
| Serviceangebote | 50 |

| | |
|---|---|
| Spezifikationskaufvertrag | 106 |
| Sponsoring | 65 |
| Stabliniensystem | 55 |
| Sterne (stars) | 40 |
| Straßengütertransport | 119 |
| strategische Geschäftseinheiten | 15 |
| strategische Geschäftsfelder | 15 |
| Streukreis | 62 |
| Strukturstückliste | 72 |
| Stücklisten | 73, 79 |
| Substitutionsprodukte | 24 |
| Sukzessivlieferungsvertrag | 106 |
| System Sourcing | 96 |

## T

| | |
|---|---|
| Tausend-Kontakt-Preis | 64 |
| Teileverwendungsnachweis | 73, 74 |
| Termintreue | 115 |
| Tertiärbedarf | 75 |
| Triple Sourcing | 98 |

## U

| | |
|---|---|
| Unionsmarke | 48 |
| Unique Selling Proposition | 18 |
| Unit Sourcing | 96 |

# Stichwortverzeichnis

**unzumutbare Belästigung** .......... 35
**USP** ................................................. 18
**UWG** ............................................... 34
   Generalklausel ............................. 34

## V

**Verbraucherpanel** ....................... 22
**Verbrauchsfolgeverfahren** ........ 110
**Veredelungsfunktion** ................ 110
**vergleichende Werbung** .............. 34
**Verhaltensstrategien** ................... 16
**Verkäufermärkte** .......................... 11
**verkaufsfördernde Maßnahmen** 64
**Verlader** ........................................ 116
**Verpackung** .................................... 37
   Einwegverpackungen ............... 119
   Informationsfunktion ............... 118
   Mehrwegverpackungen ........... 119
   Schutzfunktion .......................... 118
   Transportfunktion ..................... 118
   Transportverpackung .............. 118
   Umverpackung .......................... 118
   Verkaufsfunktion ...................... 118
   Verkaufsverpackung ................ 118
**Versandhandel** ............................. 52
**Versender** ................................... 116
**Vertragshändler** ........................... 53
**Vertriebsmitarbeiter** ................... 52
**Vorratsbeschaffung** .................... 99
**Vorschlagswesen** ....................... 108

## W

**Wachstumsphase** .......................... 38
**Wachstumsstrategie** .................... 40
**Warenpräsentation** .................... 50
**Weiterverwendung** .................... 124
**Weiterverwertung** ..................... 124
**Werbebotschaft** ........................... 62
**Werbeetat** ..................................... 62
**Werbegebiet** ................................. 62
**Werbegrundsätze** ........................ 61
**Werbemittel** .................................. 62
**Werbeobjekt** ................................. 62
**Werbeträger** ................................. 62
**Werbezeit** ...................................... 62
**Werbeziel** ...................................... 62
**Werbung**
   irreführend ................................. 34
   vergleichend .............................. 34
**Werksverkauf** ............................... 52
**Werkverkehr** ............................... 117
**Wertschöpfungspartnerschaft** .. 96
**Wertstromanalyse** ..................... 107
**Wettbewerbsstrategien** ........ 16, 18
**Wiederverwendung** .................. 124
**Wiederverwertung** .................... 124

## Z

**Zahlungsbedingungen** ................ 36
**Zentralisierung** ............................. 99
**Zielbeziehungen** .......................... 13
   komplementär ........................... 13
   konkurrierend ..................... 13, 14
   Zielkonflikt .................................. 13
**Ziele**
   monetäre .................................... 13
   nicht-monetäre ......................... 13
   qualitative .................................. 13
   quantitative ............................... 13
**Zielerreichungsgrad** .................. 104
**Zielharmonie** ................................ 13
**Zielidentität** ................................. 14
**Zielindifferenz** ............................. 14
**Zielkomplementarität** ................ 13
**Zielkonflikt** .............................. 13, 85
**Zielkonflikte** ........................... 67, 69
**Zielkonkurrenz** ............................. 13
**Zielmessbarkeit** ........................... 13
**Zielneutralität** .............................. 14
**Zielsystem** .................................... 12
**Zusammenschlusskontrolle** ....... 35
**Zusatznutzen** ............................... 38